Sergio Sinay

VIVIR DE A DOS

O EL ARTE DE ARMONIZAR LAS DIFERENCIAS

Propuestas para una tarea amorosa

Del Nuevo Extremo

Sinay, Sergio
Vivir de a dos : o el arte de armonizar las diferencias / Sergio Sinay ; coordinado por Tomás Lambré. - 1a ed. - Buenos Aires : Del Nuevo Extremo, 2009.
120 p. ; 19x12 cm.

ISBN 978-987-609-197-8

1. Superación Personal. 2. Relaciones Interpersonales. I. Lambré, Tomás, coord. II. Título
CDD 158.2

A. J. Carranza 1852 (C1414COV) Buenos Aires Argentina
Tel / Fax: (54-11) 4773-3228
e-mail: editorial@delnuevoextremo.com
www.delnuevoextremo.com

Director editorial: Miguel Lambré
Coordinación de edición: Tomás Lambré
Imagen editorial: Marta Canovas
Diseño de interior: m&s estudio

ISBN: 978-987-609-197-8

Primera edición bolsillo: diciembre de 2009

Impreso en Argentina - *Printed in Argentina*

Para Marilen,
amada y amante compañera,
por nuestra fecunda vida de a dos.

Para Norberto Levy,
maestro sabio y asistencial,
por su generosidad y su enseñanza.

Índice

Introducción 9

1
Somos parte y somos todo 13

2
¿Para qué vivir con otro? 21

3
¿Con quién se vive al vivir con otro? 29

4
La sociedad afectiva 35

5
El otro es nuestro maestro.................. 43

6
Amar de a dos............................ 49

7
La tarea 55

8
Pasar de los proyectos a los efectos 65

9
Los tres niveles esenciales de la convivencia. 71

10
¿Vivir de a tres? 77

11
Cuando vivir de a dos no es posible. 83

12
Vivir de a uno. 91

13
El sagrado misterio de la cooperación 99

Apéndice
Ideas fuertes para vivir de a dos. 107

Introducción

Sobre la construcción de mapas para el encuentro amoroso

¿Cómo es que, en la búsqueda del encuentro amoroso, vamos a parar a sensaciones, sentimientos y estados tan alejados del destino deseado? ¿Cómo nos extraviamos de ese modo en el camino? ¿Cuál es el proceso por el cual una vez que logramos estar con alguien, después de haber perseguido empeñosamente tal objetivo, lo que más deseamos es alejarnos de esa persona? ¿Qué misterioso procedimiento convierte al ser más anhelado en el más detestado? ¿De qué modo una pareja que se jura amor eterno pasa a profesarse odio infinito?

¿Cómo, en fin, el sueño de vivir con alguien se transforma en la pesadilla de estar a su lado?

Hace muchos años que estas preguntas me preocupan y me inquietan. Han llegado a mí desde mis propias experiencias personales, desde las vivencias de seres cercanos y queridos y desde el trabajo profesional como orientador de hombres, de mujeres, de parejas. Buscar las respuestas no me parece un tema menor.

Todo es efímero, en definitiva. Lo son los gobiernos, los imperios, los ministros, los programas económicos, los países (sí, también los países), los descubrimientos científicos y tecnológicos (aun los más deslumbrantes, los que nos hacen creer émulos de Dios). Sin embargo, desde que somos humanos, la búsqueda del encuentro y la complementación amorosa es lo único permanente. Aunque existan diferentes maneras de medir el éxito (hay quienes lo hacen desde lo económico, otros desde lo intelectual, otros lo confunden con la fama), me atrevo a preguntar si la verdad esencial del éxito no consiste en haber experimentado el amor en la vida.

Si fuera así, sería preciso recordar que el amor no es una energía abstracta, no prescinde de quienes lo portan, lo alimentan, lo ejercen, lo comparten, lo plasman. El amor no es parte de la Naturaleza, no preexiste en ella: es una creación de quienes aman. Y necesita de una célula básica, en cuyo núcleo hay alguien que ama y alguien que es amado. Alguien que retribuye el amor que recibe. **Dos que se aman.** A partir de ahí, puede ramificarse de muchas e impredecibles maneras. Pero es en esa piedra fundacional donde se asienta y desde donde se expande una atmósfera, un medio ambiente amoroso.

Hablar de amor es hablar del otro. Hablar del otro es hablar de mí: Yo y Tú son conceptos que sólo existen enlazados y referenciados el uno con el otro. El filósofo Martin Buber dice que "el instante realmente presente y pleno sólo existe si hay presencia, encuentro y relación". Y agrega: "*Me realizo al contacto del Tú; al volverme Yo, digo Tú. Toda vida verdadera es encuentro*".

Se me ocurre, entonces, que las preguntas que me inquietan tienen una respuesta común: el desencuentro amoroso que aparece tan presente hoy en las relaciones afectivas, tiene su origen en una precaria percepción del Otro, del Tú. Y eso, a su vez, nace en una conciencia limitada del mundo interior, del Yo. *Cuanto menos me conozco, menos te conozco. Cuanto menos te conoces, menos me conoces. ¿Qué amor podremos construir desde esta ignorancia? El amor es conocimiento.*

Hace un tiempo que dedico mis esfuerzos a comprender, a conocer y buscar modos de desarrollar los instrumentos que pueden ayudar a mejorar y profundizar ese conocimiento. Creo que nos merecemos más conocimiento, más respeto, más amor. Este libro es un testimonio del estado actual de mi exploración. He querido compartir su contenido porque me consta que los instrumentos y modelos que aquí propongo son comprensibles, son accesibles y que, sobre todo, son operativos. Mi intención fue producir un texto que encerrara reflexiones, que propusiera una indagación emocional y espiritual y que, desde su lectura, impulsara una experiencia vivencial.

Desde que escribo, lo hago convencido de que cada texto, cada libro, es un holograma de su autor. Los textos se hacen de las propias experiencias y emociones, de las preguntas que el autor se formula, de las respuestas que encuentra (o que no), de sus alegrías y decepciones, de sus broncas y de sus esperanzas, de su dolor y de su amor. Antes de llegar a escribir *Vivir de a dos* recorrí un camino que pasó por todas y cada una de esas estaciones. Es el camino de mi aprendizaje, de mi formación personal, intelectual y amorosa. Lo que vas a leer no es el mapa de una utopía, sino el de un camino recorrido. Ojalá te pueda resultar útil como referencia en tu función de cartógrafo, o cartógrafa, de tu propio itinerario afectivo. Porque de lo que se trata en estos viajes es de llegar al lugar deseado: ése en donde un Yo y un Tú se encuentran y se dan razón y sentido.

1
Somos parte y somos todo

VIVIR CON OTRA PERSONA ES MUY DIFÍCIL.
VIVIR SOLO ES IMPOSIBLE.

Una contradicción compleja y desconcertante atrapa a un gran número de mujeres y varones. Muchos de ellos están en pareja. Muchos no. Muchos viven con hijos, algunos con familiares. Otros viven solos. Una gran cantidad está disconforme con sus vínculos afectivos, aspira a otro tipo de vida sentimental, reniega de su pareja o padece por falta de ella.

Creo que las realidades son, esencialmente, *subjetivas* porque ningún observador es ajeno a lo que observa y toda percepción de los fenómenos es *una* percepción, la *nuestra*. Según sus diferentes vivencias y experiencias, muchas personas coinciden en que *vivir con otra persona es muy difícil y vivir solo es imposible*. Esta frase describe, pues, una realidad subjetiva. Y verdadera.

¿De dónde nace esta percepción tan frecuente? ¿Qué cosas hacen que resulte tan complejo convivir? ¿Por qué es penoso vivir en soledad?

El poeta y metafísico inglés John Donne escribió en el siglo diecisiete estas palabras memorables: "Ningún hombre es una isla, la muerte de todo hombre me disminuye, no preguntes por quién doblan las campanas, están doblando por ti". Un contemporáneo nuestro, el psicoterapeuta jungiano y ex sacerdote Thomas Moore dice: "Los vínculos son el lugar en donde el alma cumple su destino". Y el filósofo Paul Tillich concluye: "El amor es el impulso ontológico hacia la unión de lo separado". Cada una de estas frases son rayos de una rueda en cuyo centro hay algo que parece ser una certeza: existimos vinculados. **Somos nuestros vínculos.**

Cada persona es el hijo o la hija de alguien. El hermano o la hermana de alguien. El amigo o la amiga de alguien. La pareja de alguien. El amante o la amante de alguien. El enemigo o la enemiga de alguien. El deudor o la deudora, el acreedor o la acreedora, el proveedor o la proveedora, el discípulo o el maestro de alguien. Fuimos, somos o seremos siempre en esa rica, compleja y misteriosa trama. Nos identificamos únicos, inéditos e irremplazables entre los seres con quienes convivimos: es decir, *entre todos los seres.*

Cada uno de nosotros es parte indivisible e indispensable del universo, de un universo vasto que nos trasciende. Somos olas de un inmenso mar. Estrellas de una nebulosa infinita. Hojas de un árbol frondoso. Ladrillos de una casa imponente. Granos de la arena de un extenso desierto. **Somos parte de un todo.** Y simultánea y necesariamente somos, cada uno, un universo en sí, una galaxia compuesta por innumerables aspectos que nos integran y que, relacionados entre sí, orbitando en nosotros, nos componen. **Somos también un todo en sí.** Sergio, Marilen, Iván, Miguel, Marta, Horacio, Alejandro, Teresa, Francine, Cecilia, Ricardo. Cada nombre con el que nos nombramos designa a un universo, un sistema en equilibrio inestable, que todo el tiempo se autorregula, que busca mantener o recuperar la armonía de sus trayectorias con un único fin: asegurar su existencia.

La armonía del universo que somos es esencial para la del universo del que formamos parte. Del modo en que mis aspectos interiores se vinculen entre sí, de la consonancia que haya entre ellos, dependerá buena parte de la dinámica de mis relaciones con otra u otras personas. **Como es adentro es afuera.** Esto significa que cuanto más desafine mi música interior, más difícil resultará componer una melodía en conjunto con otra persona.

Cuando digo que cada uno de nosotros es un universo en sí mismo descreo de las definiciones y de los juicios monolíticos sobre las personas. "Egoísta", "generoso", "miedoso", "valiente", "tímido", "soberbio", "apocado", "rabioso", "extravertido", "introvertido", "tierno", “inflexible”, “frío”, “romántico”... a veces nos definimos con un epíteto, a veces nos evalúan con una palabra, a menudo calificamos a los demás con un término. Sin embargo, no hay *un* adjetivo para abarcar a *un* individuo. Cada persona es una compleja y singular combinación de rasgos cuyo resultado, además de irrepetible, es distinto a la simple suma de sus partes. Cuando se produce un desequilibrio en ese cosmos interior y alguno de los planetas pretende (o logra) colocarse en el centro postergando, desplazando u opacando a los demás, es cuando tendemos a vernos o a mostrarnos bajo el color de un único cristal, de un único adjetivo. Tarde o temprano, con mayor o con menor conciencia de ello, ese desequilibrio generará una discordancia en nosotros mismos, nuestra interioridad será el escenario de un conflicto entre distintas partes de nosotros, en el que una desacreditará, maltratará o marginará a otra, aunque jamás logrará eliminarla ni callarla para siempre. Esa batalla se manifestará como inquietud, ansiedad, disconformismo, desasosiego.

El modo en que se resuelva esta interacción interna entre mis aspectos diversos, la forma en que se escuchen o no, en que acuerden o desacuerden, en que colaboren o se ignoren, la manera en que estas partes de mí, *diferentes entre sí*, resuelvan sus diferencias generará un modelo para mis vínculos con el otro.

Creo que cuando entendemos los vínculos de este modo, algo ocurre con la percepción que tenemos de nuestro mundo interno y de su dinámica: se hace más fina, más sensible, más atenta, empezamos a adecuar, a educar y a potenciar nuestros recursos emocionales. Entonces, mientras más claras y comprensibles, más ricas y plásticas se hacen nuestras relaciones interiores (*intrapersonales*), algo similar se verifica en nuestras relaciones exteriores (*interpersonales*).

Quizá ahora se ve cómo ninguno de nuestros vínculos (de pareja, filiales, paternales o maternales, fraternales, de amistad, etc.) es una entera construcción de cada uno de nosotros ni pura responsabilidad del otro. Se trata de fenómenos *sinérgicos*. Dos energías distintas y convergentes emergen de dos universos diferentes y producen al encontrarse un resultado singular y original.

La sutileza, la profundidad, la composición, la mecánica de estas relaciones tienen de verdad poco o nada que ver con la magia o con la suerte. Son delicadas construcciones cuya sutil ingeniería sentimental requiere de nuestra atención, de nuestra receptividad, de nuestra conciencia, de nuestro compromiso emocional. *Y antes que en el encuentro con un otro, eso nace en nuestro universo interior, que, a su vez, es impensable sin el trascendente universo del que formo parte.*

Soy todo y soy parte. No se puede concebir la arena sin cada grano, y cada grano es impensable e incomprensible sin el concepto arena. Por eso las campanas que oigo a lo lejos suenan por mí (Donne). Por eso mi alma sólo cumple su destino en el encuentro, al relacionarse (Moore). Por eso una fuerza centrípeta llama a las órbitas de los universos interiores y a cada uno de nosotros como parte del universo infinito a converger en el encuentro amoroso (Tillich). Al perder de vista esta perspectiva, al olvidar o ignorar que **somos todo y parte** es cuando se hace difícil vivir con otro e imposible vivir solo. Vivir con otro es difícil porque hay que armonizar órbitas, tamaños, formas, texturas y proporciones diferentes. Cada uno tiene que asumirse como parte de un todo. Vivir sólo es imposible porque ningún grano de arena es la arena, ninguna ola es el mar, ninguna hoja es el árbol y ningún ladrillo es la casa, aunque, como si fueran hologramas, en cada uno de ellos está el dibujo de la totalidad. Complejos, ricos y únicos como son, el significado, el alcance y la dimensión de esa complejidad, de esa riqueza y de esa singularidad sólo trascienden en el encuentro y la conjunción. No hay dos granos de arena iguales, no habría arenal sin cada uno de ellos, ellos no existirían si no existiera la arena. Vivir es relacionarse. Relacionarse es vivir. Adentro y afuera.

Vivir con otro es viable cuando se convierte en una experiencia de armonización de lo diverso. Y la primera y necesaria oportunidad de comprender y conciliar lo distinto se ofrece en la captación de nuestra propia diversidad, generadora de nuestra identidad.

Las tres **preguntas**

¿Cuáles de los aspectos que te constituyen sueles sentir más presentes y manifiestos en tus vínculos con otras personas? (Pueden ser tu parte generosa, prevenida, temerosa, creativa, tierna, distante, etc. A medida que prestes atención podrás percibirlos y observar cómo se manifiestan en tus actos y vínculos, sólo tienes que ponerles nombre y recordar que más de una característica, aunque sean disímiles, pueden estar presentes simultáneamente).

¿Cómo se expresan en tu propio interior, con qué otros aspectos de tu persona suelen estar más enfrentados y con cuáles se relacionan con mayor armonía?

¿Cómo se resuelven tus contradicciones internas: por conciliación, por silenciamiento de una de las partes, por descalificación del aspecto más perturbador algún tipo de acuerdo que has aprendido a desarrollar? Si es de este último modo, ¿cómo construiste ese modelo?

2
¿Para qué vivir con otro?

VIVIR CON OTRO ES UN CAMINO, NO UN PUNTO DE LLEGADA.

Muchas personas sufren porque están con otro. Muchas padecen porque no lo están. Las que penan en pareja suelen decir, muchas veces, que más le temen a la soledad. O se aferran a la esperanza de que el otro, u otra, cambiará. O, aunque nada lo evidencie, hay quienes insisten en que ese otro u otra los ama. "*Yo sé que me ama aunque no lo demuestre*", es una frase muy usada.

Los que no terminan de encontrar la pareja soñada temen a menudo el sufrimiento de la decepción o el dolor del rechazo. Y, también, se mortifican, una y otra vez, al comprobar que la persona que al principio se parece al ideal buscado empieza a desdibujarse día a día, acto a acto, palabra a palabra. O llegan a deprimentes conclusiones del tipo "no hay hombres" y "es imposible encontrar una mujer que te entienda".

Por presencia o por ausencia, pareciera que vivir de a dos es, cada vez más, una quimera, la utopía amorosa que nos ha sido negada, el paraíso perdido para siempre. Si semejante peso adquieren tanto la silueta del compañero como su vacío, algo debe de haber en la convivencia que persiste e inquieta hasta no ser desentrañado. A la pregunta *¿para qué vivir con otro?* le caben infinitas respuestas. Entre ellas:

- *Para abandonar la soledad*
- *Para formar una familia*
- *Para compartir experiencias y vivencias*
- *Para multiplicar gozos*
- *Para dividir dolores*
- *Para sentirse acompañado*
- *Para concretar proyectos postergados*
- *Para ser padre*
- *Para ser madre*
- *Para envejecer junto a alguien*
- *Para resarcirse de una mala experiencia anterior*
- *Para ordenar la vida sexual*
- *Para ordenar la vida*
- *Para hacer cosas por alguien*
- *Para sentirse atendido*
- *Para tener a quien dedicar los propios esfuerzos*
- *Para ser reconocido*

Con seguridad cada lector de estas páginas podrá agregar las razones de su propia cosecha. ¿Es suficiente cualquiera de estos motivos para justificar la vida de a dos? Sí. Y no. **Sí** lo es porque cada uno de estos argumentos es deseable, es legítimo y es aceptable. Se podría decir que son derechos humanos. **No** alcanzan, sin embargo, a justificar por sí mismos, y según mi modo de ver, la búsqueda de una pareja.

Si reflexionamos con atención veremos que cada una de las razones mencionadas son medios, pero no fines. Después de nombrada cualquiera de ellas cabe la pregunta ¿para qué? ¿Para qué ser madre o padre? ¿Para qué abandonar la soledad? ¿Para qué hacer cosas por otro? Y así sucesivamente Y en cada caso a la pregunta le cabe una respuesta. Estas respuestas no son razones *últimas*, sino *transitivas*. Cuando al interrogante ¿para qué? le sucede una réplica como "*para sentirme en paz*", "*para estar en armonía conmigo y con el mundo*", "*para sentirme pleno*", "*para dar significado a mi vida*", la cosa cambia. Estas sí, son **razones últimas**. No hay un para qué en ellas. No se busca la armonía para otra cosa, no se espera la plenitud para algo más, el significado de la vida no remite a otra cuestión posterior. Son razones *per se*.

Muchas veces –me atrevería a decir la mayoría–, la búsqueda de la pareja, o su sostenimiento, se apoya en razones *transitivas*. Es decir, aquellas que adquieren significado cuando se las remite a otra, ulterior. Entonces, vivir en pareja, pasa a ser un medio. Aspiro a estar en pareja porque eso me permitiría formar una familia y de esa manera sentiría que mi vida adquiere sentido. Quiero encontrar una pareja que me ame porque eso me haría sentir reconocido y así podría alcanzar la paz interior. Si lo que de veras busco es la plenitud, la armonía, la paz, el sentido, la pareja no es el sinónimo de todo eso, sino *uno* de los caminos posibles hacia tal fin. **La pareja es un *camino* hacia un *destino*. Camino y destino no son lo mismo.**

Creo que es esencial comprender esto, porque la confusión entre camino y destino resulta generadora de sufrimiento espiritual y de dolor psíquico. Cuando convierto a "pareja" en sinónimo de "plenitud", "armonía", "paz", "sentido" o "felicidad", comienzo a transitar una zona de riesgo. El encuentro con cierta persona, una vida amorosa en común que cumpla ciertas condiciones (sobre las que me extendí en mi libro *Las condiciones del Buen Amor*), la construcción cotidiana de una convivencia que armonice diferencias, un trabajo fecundo de complementación, pueden hacer de la vida de a dos un sendero posible, deseable y valioso que nos lleve a las razones últimas. Y éstas son algo en sí, no son ni sinónimos de pareja ni trampolines a estados ulteriores.

La creencia de que pareja y razones últimas son equivalentes suele expresarse bajo la forma de empecinamientos *("yo voy a hacer que me quiera")*, obsesiones *("no importa que su modo de ser me haga sufrir, yo lo/la quiero igual")*, fantasías *("es la persona ideal, la que siempre soñé, y no descansaré hasta estar con él/ella")*, idealizaciones *("no importa lo que diga o haga ni lo que me digan, yo no le veo defectos")*, ilusiones *("somos dos almas gemelas, nacidos el uno para el otro")* o negaciones *("me maltrata, sí, pero en parte es por mi culpa, yo sé que no quiere hacerlo y que me ama")*, con su secuela de incomprensión, frustración, impotencia, desesperación, dolor, autodesvalorización y a veces depresión.

Hay más de un camino para llegar al destino que nos proponemos. Muchas y diversas sendas pueden conducir a la plenitud, a la armonía, a la paz, al sentido de la propia existencia o a la felicidad. En cada una de esas sendas se manifestarán diferentes aspectos, capacidades y recursos de nosotros mismos. Al comprender que la convivencia con una persona amada es *uno* de los caminos posibles, ese camino se hace más rico, más flexible, más plástico, más nutricio. Deja de ser un recurso extremo y desesperado, la única ficha con la que esperamos acertar en una mesa de ruleta donde cada número tiene una oportunidad entre treinta y seis de ser el elegido por la suerte.

Aceptar que vivir con otro es *una* vía de acceso a mis razones últimas, pero no la única, amplía mis posibilidades de llegar a través de ella, porque cuando se ensancha el horizonte de mi búsqueda, se diversifican mis recursos, está más abierta mi sensibilidad, es mayor mi registro emocional. Cuando menos me obsesiona armar una pareja a cualquier costo, mejor preparado estoy para construir una convivencia con sentido y significado.

Si repasamos ahora las respuestas a la pregunta *¿para qué vivir con otro?* que están al principio de este capítulo, quizá nos demos cuenta de que para casi ninguna de ellas la pareja es una condición *sine qua non*. Si yo insistiera en que esos propósitos requieren, sí o sí, de la convivencia con otro, quizá lo que de veras me interesa es vivir en pareja. Y es posible que lo haga, bien, regular o mal. Sería como empecinarme en viajar a mi destino por una sola de todas las rutas posibles. Podré llegar o no, el camino podrá estar habilitado o clausurado, pavimentado o intransitable, fácil o riesgoso y terminaré contento, impotente, frustrado o satisfecho, pero lo cierto es que a lo largo del viaje habré relegado u olvidado la razón del mismo. El camino resultó ser más importante que el destino. El medio quedó antepuesto al fin.

Si, caso contrario, mi atención hubiera estado en el destino, me habría permitido leer los mapas, investigar las opciones, explorar espacios nuevos, convertirme en cartógrafo de los mismos, llegar más tarde pero mejor o más seguro y habría ensanchado y enriquecido mi vivencia, mi conocimiento y mi experiencia. **El camino es importante si conozco el destino**. La pregunta *¿para qué vivir con otro?* merece que se recuerde esto antes de emitir la respuesta.

Las tres **preguntas**

Ya sea que estés viviendo en pareja o no, ¿cuál es tu propia respuesta a la pregunta para qué vivir con otro?

¿Cuáles reconoces, en el momento actual de tu vida, como razones transitivas, que son puentes hacia otras ulteriores, y cuáles como razones últimas, que no conducen a ninguna y se validan por su propio contenido?

¿Cuáles son los diversos caminos que registras como posibles hacia tus razones últimas?

3

¿Con quién se vive al vivir con otro?

VIVIR DE A DOS ES VIVIR SEPARADOS POR UN HILO Y UNIDOS POR UN ABISMO.

Nos une el abismo de nuestras diferencias y nos separa el delgado hilo de nuestras similitudes. La búsqueda del alma gemela, de la otra gota de agua, de la media naranja perdida nos hace estar atentos a las convergencias. *"Nos gustan las mismas películas", "Disfrutamos las mismas comidas", "Hemos leído los mismos libros", "Nos atraen los mismos lugares", "Nos conmueven los mismos hechos", "Admiramos a las mismas personas", "Tenemos amigos comunes", "Acabamos de descubrir que fuimos a la misma escuela", "Disfrutamos con los mismos deportes", "Compartimos nuestras ideas políticas"*. Coincidencias como estas suelen encender la chispa del encuentro, son motores de arranque del enamoramiento.

El enamoramiento es una etapa necesaria e inevitable en la construcción del amor. Pero el enamoramiento no es el amor ni lo garantiza. Se trata de la fase en la cual las similitudes permiten que dos desconocidos se acerquen, superen la valla del extrañamiento y de la desconfianza y permanezcan en el mismo espacio, procurando conocerse. Todo esto ocurre al calor de una ilusión creada por las semejanzas: la ilusión de que el otro, la otra, es precisamente aquel a quien yo buscaba y a quien necesitaba. Mi ideal.

El tránsito que, por el camino del tiempo, lleva del enamoramiento al amor es también la vía que conduce de la ilusión a la realidad, del imaginar al saber. **Amar es conocer.** Y cuanto más conozco a la persona que amo, más compruebo que ella es alguien diferente de mí, que no es mi reflejo, ni mi sombra, ni mi clon. El amor se va gestando en el conocimiento de todo aquello que hace que yo no sea ella, que ella no sea yo y que no seamos ni intercambiables ni sustituibles en este vínculo que nos relaciona.

La lista de nuestras afinidades es relativamente breve. Hay un momento en el que no queda más por agregar. Si sólo dependiéramos de ellas para convivir en el amor, penderíamos de un hilo. El delgado hilo de las semejanzas. En cambio, el abismo de las diferencias no sólo es ancho, sino que se ensancha. A medida que ella, él, se sigue manifestando ante mí, más me asombra y me maravilla la revelación de lo distinto que hay en ese ser. Es más lo que tenemos de diferentes que de iguales y sobre el cimiento de esa disparidad construiremos el edificio de nuestra vida en común. **Esta arquitectura es, más que ninguna, un arte. El arte de armonizar lo diverso.**

En nuestro aprendizaje de artistas del amor nos será necesario ejercitar *la escucha* (para oír y entender palabras y significados), *la mirada* (para ver y observar al otro como es y no como quisiéramos que sea), *la palabra* (para no esperar ni exigir que se nos adivine lo que no decimos y también para preguntar) y la *aceptación*, para tomar lo que miramos, lo que escuchamos y lo que se nos da con el espíritu abierto y dispuesto a dar por bueno lo diferente. La aceptación, bien entendida (es decir, no como resignación ni como simple tolerancia) nos permitirá entender, en la vivencia, que disparidad no es sinónimo de inequidad. Las diferencias que no son injustas para ninguno, acercan, abren espacios, las que dejan a alguien en un lugar desfavorable, resienten y alejan. No estamos obligados a convivir con éstas.

¿Con quién convivir? No hay una respuesta única para esta pregunta. Las personas, las circunstancias, las perspectivas cambian todo el tiempo como parte de la danza de la existencia. Y en cada giro de esa danza el *quién* puede ser otro, ya fuere porque se trata de otra persona o de nuevas facetas de la misma persona quien, como todo lo que existe, está en un proceso de transformación permanente. Lo cierto es que será siempre, sea quien fuere, alguien distinto de mí. *¿Con quién convivir?* Con un diferente. Sin dejar de honrar, eso sí, la breve lista de semejanzas que hizo posible la atracción y la elección inicial.

Construir una relación entre dos es, entonces, tender un puente de amor ente las diferencias. Cuando lo que más me gusta de la otra persona es algo que no tengo y que a ella también le gusta de sí y cuando lo que más le gusta de mí es algo que no tiene y que a mí me gusta también, las diferencias empiezan a unirnos. Si, en cambio, envidio en ella algo que no tengo o ella envidia en mí algo que no tiene, las diferencias empiezan a alejarnos y acaso acaben por enfrentarnos. La envidia, la no aceptación de eso que ella tiene y yo no, o viceversa, está ahí para recordarme que hay en el otro algo que a mí me falta y que percibo no como diferencia, sino como discapacidad o carencia. La envidia es, en verdad, la dolorosa imposibilidad de aceptar una diferencia. No es ni mala ni buena, resulta disfuncional para un vínculo. (Volveremos a ello en el capítulo 12).

Por lo demás, puede ocurrir que aquello del otro que rechazo sea un aspecto que también está en mí, pero que no reconozco como propio. Si aprendo a reconocerlo y a transformarlo *en mí*, eso dejará de alejarme del otro. Muchas veces vemos esas características de la otra persona (las que rechazamos) como algo que nos es ajeno, como una diferencia que nos separa. Sin embargo, con frecuencia no se trata de una diferencia, sino de una semejanza. Algo que no soporto en mí mismo, que no he aprendido a transformar y que, por lo tanto, me resulta más fácil detectar y despreciar en el otro. En ese caso es aquello que tenemos de iguales, no reconocido por alguno de los dos, lo que nos aleja. Una vez más, la imposibilidad de aprender a transformar algo rechazado, se convierte en obstáculo de la relación.

Si quiero que la persona con la que estoy cambie algo que ella no siente la necesidad de modificar, nuestra relación se encaminará hacia el conflicto, hacia el enfrentamiento de voluntades que se empeñan en imponerse la una a la otra. Cuando, al revés, aquello que me gustaría que el otro cambie es algo que también él, ella, siente necesidad de variar, el conflicto que aquel desacuerdo instalaba en nuestro vínculo puede convertirse en una tarea común, en una sinergia de transformación y encuentro.

Creo que todas estas cuestiones son esenciales a la hora de vivir con otro. Aún si no se manifiestan en el plano de la conciencia, están allí. Cuando no son asumidas, se disfrazan de prejuicios, de malos entendidos, de incomprensión, disparan conflictos, impulsan desacuerdos, atentan contra la armonía. Una vez declaradas, y aclaradas en la interioridad de cada persona, esclarecen el sentido y el significado tanto de las búsquedas como de los encuentros.

Vivir con otro es, en definitiva, compartir el camino con alguien que no está hecho a imagen y semejanza de mis necesidades y expectativas y que, por eso mismo, me ofrece la oportunidad venturosa de construir un vínculo real, entre dos seres reales, a salvo de los estrechos carriles de la ilusión.

Las tres **preguntas**

¿Alguna vez la envidia, tuya o de la otra persona, se convirtió en obstáculo serio para la permanencia del vínculo? ¿Qué hiciste con tu envidia o con la del otro? ¿Pudo transformarse en aceptación y aprendizaje o fue una valla insalvable? ¿Por qué?

En tu actual experiencia de convivencia, o en experiencias pasadas, ¿reconoces aspectos del otro, diferentes de los tuyos, que te hayan nutrido y enseñado? ¿Cuáles?

¿En el transcurso de un vínculo, actual o pasado, pudiste transformar características de tu persona gracias a la ayuda y acompañamiento del otro? ¿Cuáles y cómo?

4
La sociedad afectiva

Vivir de a dos es formar parte de un equipo.

Como cualquier otro, un equipo afectivo tiene una razón de ser, se constituye para algo. Los equipos que alcanzan buen éxito son aquellos cuyos integrantes recuerdan de manera permanente que sus objetivos individuales y los del conjunto tienen una esencia común. Así ocurre en el deporte, en los negocios, en las orquestas, en las cuadrillas de trabajo, en las organizaciones de todo tipo. Cuando un componente del todo cree que el conjunto es sólo un medio para que él se destaque o alcance metas personales, más allá de que éstas sean o no concordantes con las del resto, el equipo empieza a resquebrajarse, el fin común comienza a verse desdibujado. Durante los muchos años en los que jugué al fútbol pude comprobar en carne propia cómo una buena actuación personal era más gratificante si coincidía con el buen juego del equipo y de su victoria. Y cómo esa misma tarea perdía relevancia e intensidad emocional si era contemporánea con un pálido comportamiento colectivo. Por el contrario, pobres desempeños personales se soportaban mejor en un grupo de buen rendimiento y mortificaban más cuando eran parte de una mala acción generalizada. No lo leí, no me lo enseñaron como un dato teórico. Lo viví, lo sentí.

Creo que el ejemplo es válido para cualquier experiencia colectiva. Y, como dice el italiano Francesco Alberoni, investigador de los sentimientos humanos, el enamoramiento expresa *"un movimiento colectivo de dos"*. Como las revoluciones triunfantes, como los equipos campeones, como las empresas exitosas, como la organizaciones trascendentes, ese movimiento recogerá sus frutos si cada uno de sus integrantes tiene conciencia encarnada de la razón de estar juntos, de cuáles son el fin y el bien común, de que su bienestar y su felicidad serán causa y consecuencia de la armonía del cuerpo del cual él forma parte.

Dos que conviven forman una sociedad. Hay sociedades *disolubles* e *indisolubles*. Nuestro cuerpo, por ejemplo, es una sociedad *indisoluble*. Ningún órgano, ningún miembro, ninguna célula podría tomar por su cuenta la decisión de apartarse y existir por su cuenta, fuera de los límites de nuestra piel. Y dentro de esos límites tampoco suelen decidir desentenderse de la suerte de los otros órganos. Un pulmón que acaparara todos los nutrientes y todo el oxígeno disponible en el organismo con el fin de asegurar su salud y su vida a expensas de los demás órganos, sólo lograría descompensar el organismo. Sería un pulmón sano en un cuerpo enfermo, y en ese contexto duraría poco, como el conjunto al que pertenece.

Los órganos que nos componen no actúan de ese modo. Son todos distintos, tienen funciones diferenciadas, uno no reemplaza a otro y todos son indispensables. Se alimentan de los mismos nutrientes, los comparten de un modo equitativo, colaboran de una manera eficaz, autorregulan el funcionamiento colectivo y lo orientan a un fin común: mantener con vida al organismo del que forman parte. Esa interacción da como resultado un estado general de **salud**. Cuando fallan los mecanismos de autorregulación organísmica y el equilibrio inestable que define a la salud se rompe de un modo permanente en una dirección, sobreviene la enfermedad y a veces la muerte.

A diferencia del organismo humano, una pareja es una sociedad *disoluble*. Sus componentes pueden seguir existiendo fuera de ella, el final de la relación que los une no significa la extinción de ellos mismos. Sin embargo, en el plano de la interacción que los vincula, hay similitudes entre estas personas y los órganos del cuerpo. También ellas son distintas, no se reemplazan la una a la otra, tienen funciones diferentes y resultan indispensables para la existencia de la pareja. La variación respecto del organismo reside en que los órganos no reflexionan ni tienen que decidir, elegir o consensuar sus objetivos o sus acciones. Las personas, sí.

Es muy importante tomar esto en cuenta. **Cuando formamos una pareja estamos invirtiendo en esa sociedad nuestro capital más sensible y valioso: el capital afectivo.** Elegimos hacerlo con alguien a quien queremos, en quien confiamos como compañero de ruta existencial, con quien aspiramos a la concreción de sueños, proyectos, aspiraciones o esperanzas. Cada uno de los dos está en una actitud similar, más allá de la intensidad del compromiso inicial. Si dos personas nos proponemos constituir una sociedad afectiva, es esencial tener en cuenta que tal sociedad no es, en sí misma, ni un objetivo ni un fin común. Quizá haya quienes lo expresen así, pero no parece muy sustentable formar una pareja para *"formar una pareja"*. O formar una pareja *"para estar en pareja"*. Si se tratara de nuestro dinero, ¿lo invertiríamos en una empresa cuyo único fin declarado fuera el de "crear una empresa", sin mayor precisión acerca de cuál será su actividad, su conformación, sus estatutos y sus fines? Si la respuesta es **no**, ¿por qué habríamos de actuar de modo diferente con nuestro capital afectivo?

Si dos personas sensibles, confiables y dispuestas ponen su capital y se asocian para instalar una fábrica, pero una está convencida de que la fábrica será de chocolate y la otra cree que será de jabón, seguirán siendo buenas personas, aunque no tardarán en tener un serio problema entre y ante ellas. Seguramente habrán llegado a ese conflicto como producto de la ausencia de un consenso y un concilio previo acerca de los proyectos, necesidades y búsquedas de cada uno. Suele suceder que la forma de ser del otro (en este caso, sensible, confiable y dispuesto) hace que lo tomemos por socio ideal, sin chequear confluencias y divergencias, dándolas por sentadas. Solucionar este desacuerdo será arduo, porque existe el riesgo cierto de que alguien se sienta postergado, desairado y luego resentido (el clásico, *"yo dejé lo mío por vos"*). Y acaso no haya acuerdo posible porque, en realidad, *no existía en la base un fin común.*

Si, aun en ausencia del chequeo, ambas personas tienen en mente el mismo destino (o chocolate o jabón) pero luego descubren que disienten en el modo de hacerlo o en el tipo exacto de producto a confeccionar, también hay un desacuerdo. Pero no difieren en el *qué*, sino en el *cómo*. Este tipo de desavenencia, no compromete el fin común, lo contempla (ambos queremos hacer chocolate o ambos queremos hacer jabón y nos asociamos). Puede ser, como el anterior, un desacuerdo espinoso y difícil, aunque es posible que, en el curso de su resolución, haya la oportunidad de un aprendizaje amoroso común, en este caso acerca de cómo zanjar diferencias sin afectar la razón de la convivencia. **Lo cierto es que un desacuerdo no significa que una persona esté** equivocada y la otra tenga razón, sino que piensan diferente o tienen objetivos distintos. Si creen que han fundado una sociedad *indisoluble*, esa creencia los obligará a tratar de zanjar la discordia sí o sí, ya sea por el camino de la descalificación, de la imposición o de la resignación. Eso dejará heridas graves y resentimiento.

Estos dos ejemplos ilustran, en mi opinión, por qué una pareja es una sociedad *disoluble*. Nada (salvo creencias o ilusiones) nos obliga a permanecer en un vínculo donde no hay un bien o un fin común. Podemos crecer y evolucionar en ritmos diferentes, con necesidades distintas. Si eso ocurre mientras marchamos en la misma dirección, habrá posibilidades de que los ritmos y las necesidades de cada uno sean tenidos en cuenta, de que generen consensos, de que se acoplen. Es así como se genera la conciencia de equipo. Si no, el desacuerdo sólo gestará más desencuentro, en un doloroso *crescendo*.

¿Para qué estamos juntos? es una pregunta clave. Responderla resulta una parte medular del trabajo amoroso. A veces tememos preguntarnos esto, cada uno a sí mismo y cada uno al otro. Sin embargo, la respuesta será siempre saludable, ya sea porque hará más fecunda la convivencia, el tránsito conjunto, en definitiva el amor, ya sea porque permitirá disolver, entendiendo las razones y con menos resentimiento, una sociedad que acaso no tenga, o haya perdido, sus razones de ser.

Cada vez que el equipo puede recordar en conjunto las razones primordiales de su existencia, se pone a sí mismo en condiciones de instrumentarse, de autoasistirse y de actuar en función de ellas. Sienta, recobra o fortalece de ese modo sus fundamentos amorosos.

Las tres *preguntas*

Si estás en un vínculo con otra persona, ¿cuál es tu fin para la permanencia y la continuidad de la relación?

¿Sabes cuál es el fin para la permanencia y la continuidad de la otra persona? ¿Son fines comunes? ¿Generan el bien común?

¿Con qué frecuencia y de qué manera revisan los fundamentos de su sociedad afectiva? ¿Cómo actúan para lograr consenso en los desacuerdos?

5
El otro es nuestro maestro

VIVIR DE A DOS ES VIVIR CON UN MAESTRO.

Todos, en nuestra convivencia con personas a las que amamos, hemos ejercitado actos de amor que no recibieron la consideración ni el reconocimiento que esperábamos. A menudo ponemos lo mejor de nosotros en adelantarnos al deseo o a la necesidad del otro para satisfacerlo. Y nos encontramos conque no hay registro o, peor, hay una percepción errónea de nuestra actitud. Conseguimos aquello que la otra persona anhelaba, sólo para enterarnos de que su deseo era lograrlo por sí misma. Nos mantuvimos a cierta distancia para no ahogarla y descubrimos que ella necesitaba más que nada nuestra íntima cercanía. No hablamos de cierto tema para no despertar su dolor, y entonces se nos reclama nuestro poco interés en su sufrimiento. Ofrecemos algo que para nosotros tiene mucho valor y se desmerece nuestra mezquindad o se nos achaca mal gusto. Desencuentros de este tipo, en pequeña y en gran escala, son parte del día a día de los vínculos. Cada quién puede aportar ejemplos de su propia cosecha.

Hay otro gran generador de desilusión, que aunque parece opuesto a los ejemplos anteriores, es consanguíneo. Se trata de la *lectura de mente*. Se manifiesta en una serie de frases y pensamientos prototípicos: "*Si me quisieras deberías haber...*"; "*Si me amaras sabrías que...*"; "*Si es cierto que te preocupas por mí tendrías que haberte dado cuenta de...*". Y varias más. Todas estas sentencias indican que el amor, el cariño o el interés del otro están sometidos a examen, puestos en estado de observación. Parten de una idea: el amante está obligado a saber aquello que el amado no le dice. Y puede ocurrir que el amante acierte alguna vez, o varias, pero no es su obligación y tampoco es una prueba de que su amor resulte verdadero. Del mismo modo, sus distracciones, errores o ignorancia acerca de nuestros deseos o necesidades no expresados están lejos de evidenciar su desamor.

No es la persona que nos ama quien debe saber cómo amarnos. Ella está allí, junto a nosotros, con su capacidad, su energía y su disposición afectiva. Pero **somos nosotros quienes le enseñaremos a que nos ame del modo en que necesitamos.** Nadie está hecho a imagen y semejanza de las expectativas del otro, ya que somos todos diferentes. Pero podemos escuchar cuáles son esas necesidades, aprender a conocerlas, comprenderlas, sintonizar con ellas, establecer empatía. Y, sobre todo, aprender a responder a ellas en la medida de nuestros recursos, de nuestro tiempo, de nuestra preparación y ejercitación. **Así, la persona a la que amamos nos enseñará cómo amarla.** Y de esa manera será posible que cada uno de nuestros actos de amor sea recibido como tal, aceptado y valorado en toda su intensidad. En el proceso acaso hayamos aprendido que sentir amor no siempre es dar amor y que, si bien, el amor es una energía universal e intemporal, su encarnación en un vínculo requiere la contemplación de la preciosa individualidad de cada amado.

Vivir de a dos convoca a la afinación y al uso de tres herramientas esenciales:

- *La mirada.* Aunque resulte obvio, hay alguien junto a nosotros. Es necesario que lo miremos todas las veces que sea necesario. Eso no sólo nos recordará su presencia sino que nos permitirá registrar su evolución, sus transformaciones. Nadie permanece inalterable, en ningún aspecto, respecto del primer encuentro. Un vínculo no es una foto fija, es una película, veinticuatro fotogramas desfilan por segundo, cada imagen parece igual a la anterior y no lo es, lo que hay es movimiento, cambio.

- *La pregunta.* Es necesario que a ese alguien que está allí, relacionado con nosotros, le preguntemos por sus necesidades, sentimientos y pensamientos. No a manera de interrogatorio, no como método de control (más allá de lo que alguien pueda creer, todo control es una ilusión), no con la aspiración de llegar al conocimiento total de esa persona (otro espejismo). Sí para saber: *¿Qué cosas que yo hago o que yo digo te hacen sentir amado o amada por mí? ¿Cómo necesitas que te exprese mi amor? ¿En que pequeños actos de nuestra cotidianeidad lo sientes expresado?* Estas preguntas suelen resultar iluminadoras.

- *La escucha*. Esta herramienta está indisolublemente unida a la anterior. De nada vale preguntar si no se está dispuesto a escuchar y a respetar las respuestas. Escuchar es recibir al otro con amor, aceptar su existencia y su singularidad. Sólo escuchando puedo instrumentar mi disposición amorosa, traducirla en actitudes. Y al escuchar, por fin, podré evaluarme, saber qué necesito para amar del modo en que el otro, la otra, me pide y, en consecuencia, estaré preparado para pedirle a mi vez que me enseñe y me guíe en aquello que necesito aprender para amarlo, amarla.

Mirar, preguntar y escuchar son, por supuesto, caminos de doble mano. Cuando soy quien se vale de estas herramientas, el otro es mi maestro en el arte de amarlo. Cuando es él, ella, quien las toma, yo soy su maestro en el arte de amarme. Así, el vínculo fluye como una interacción entre dos maestros que son, a su vez, aprendices. Por eso, también, lo que cada uno necesita y lo que cada uno puede dar no serán ni formas ni medidas establecidas de una vez y para siempre, sino expresiones de una constante evolución.

La conclusión de estas reflexiones es que no hay recetas para amar, que no existe una talla común del amor aplicable a todos. Hay actitudes, predisposiciones, energías, caminos. Serán siempre distintos, como las personas.

Vivir de a dos es disponerse a aprender un modo singular de amar. Y a enseñarlo.

Las tres **preguntas**

¿Qué actitudes, qué acciones, qué palabras de tu pareja te hacen sentir amado o amada? ¿Lo sabe la otra persona?

¿Qué haces cuando un gesto de amor de tu parte pasa ignorado o no es apreciado según tus expectativas? ¿Mantienes tu disposición y pides al otro que te guíe en el acto de amarlo? ¿Te sientes herido u ofendido y te alejas? ¿Insistes de la misma manera?

¿Puedes explicarle al otro, u otra, que el modo en que te ama no te hace sentir amado, o amada, como necesitas o te resignas por temor a su reacción y al abandono? ¿Puedes tomar la iniciativa de enseñarle a amarte? Si no es así, ¿qué te ayudaría a hacerlo?

6

Amar de a dos

VIVIR DE A DOS ES VIVIR EN UN PROCESO PERMANENTE DE SIEMBRA Y COSECHA AMOROSA.

Mucho se ha dicho y escrito acerca de la magia del amor y mucho se ha sufrido a causa de la ilusión que esa magia invoca. Se dicen cosas como "*Todo lo que necesitas es amor*", "*El amor todo lo puede*", "*Cuando hay amor todo se arregla*", "*Amar es no tener que pedir perdón*", "*Yo lo (o la) amo y eso basta*", "*Mi amor va a hacer que él (o ella) cambie*", "*Yo voy a hacer que me ame*", "*No puedo vivir sin su amor*", y muchas más. Con frecuencia esas frases son los preludios o los testimonios de profundos y empecinados dolores.

Dejar librada la dicha afectiva a la magia de amor es, de algún modo, delegar nuestra responsabilidad en la construcción, alimentación y transformación del vínculo. Tanto el amor como su magia son abstracciones. "Todo lo que necesitas es amor". Bien. ¿Y cómo necesitas ese amor? ¿Si ocurrieran qué cosas sentirías que lo recibes? ¿Cómo sabe la persona que te ama qué es lo que necesitas y cuál es el modo de dártelo? "*Necesito que me ames*" es un pedido conmovedor y, también, abrumador. ¿Cómo amarte? ¿Sabes cómo amarme? ¿Reemplazará la magia del amor a aquello que nos decimos, que no nos pedimos, que no nos enseñamos? (ver capítulo 5).

"*Contigo pan y cebolla*". ¿De veras? ¿Por qué alcanza con eso? ¿Por qué nos amamos? ¿Y cómo sabemos que nos amamos? ¿Por la música de fondo de nuestros encuentros? ¿Por la forma en que nos miramos? ¿Por el aura que rodea a nuestras siluetas? ¿Por cómo vibran nuestros corazones? ¿"Contigo pan y cebolla" es una frase que nos decimos al encontrarnos o después de haber transitado una buena parte del camino juntos? ¿Quiere decir lo mismo en ambos casos?

Vivir de a dos significa comprometerse en la construcción del camino que lleva del enamoramiento al amor. El enamoramiento es una chispa necesaria para el arranque. Es ciego, es ignorante, llama magia a la incertidumbre. El amor es un punto de llegada, la cosecha de una siembra. El amor ve, sabe, tiene la magia de lo cierto. El enamoramiento se alimenta de la ilusión, el amor de la vivencia. El enamoramiento imagina quién es el otro, lo supone. El amor lo conoce. No hay amor que no empiece en el enamoramiento. No hay vínculo que perdure en el enamoramiento.

Hay tres características del enamoramiento que no le cuadran al amor: magia, ceguera e inmediatez. *El amor no es mágico*, no a priori, necesita de tiempo, permanencia, conocimiento, siembra, gestación y cosecha. Entonces, sí, produce milagros. *El amor no es ciego*, por lo general quien se enamora ciegamente no sabe a quién ama. El amor se alimenta de mirar a quién se ama y de ser mirado por esa persona, de mirar con atención, con registro de lo que se ve.

No se trata de que los ojos sean imprescindibles para el amor. Pero sí lo es la mirada, respetando el modo y los medios de mirar de cada persona. *El amor no es instantáneo* y para manifestarse y consolidarse necesita macerarse en el tiempo. Es en el tiempo en el que transcurren las vivencias y se enraízan las experiencias, en el que asoman las diferencias complementarias y se resuelven las contradictorias, en el que se aprende que los ciclos de luz y oscuridad, de tormentas y arcos iris, son inherentes al convivir amorosamente.

A pesar de todo lo que se diga, una pregunta persiste. *¿Qué es el amor? ¿Cómo saber cuándo es amor?* El maestro espiritual Krishnamurti (él rechazaba ser designado así, pero no encuentro un modo más preciso) decía que *"el amor no fusiona, no amolda, no es personal ni* *impersonal, es un estado del ser que la mente no puede encontrar, sólo cuando el corazón se vacía de las cosas de la mente hay amor"*. Las cosas de la mente son el prejuicio, la expectativa, la manipulación, el cálculo, la obsesión, el afán por capturar definiciones. **El amor es un estado del ser**, conviene recordarlo, no es el resultado de una búsqueda. *"No tengo que ir detrás de él, no tengo que perseguirlo"*, decía Krishnamurti. *"Si lo persigo no es amor, es una recompensa"*. Y citaré, por último, esta hermosa frase de él: *"¡Qué maravilloso es poder amar a una persona sin esperar nada de ella a cambio!"*.

Me pregunto si no es ésa la prueba cumbre del amor, el verdadero **estado del ser**. Saber que todo aquello que yo haga y que sea bueno para la persona a la que amo, será bueno para mí por el sólo hecho de que le hace bien a ella. Lo que hago por ti, amada o amado, no lo hago para que me lo recompenses con un acto equivalente. Te hace bien, y, cuando estás bien, lo que haces me hace bien. Eso que haces cuando estás bien me beneficia, y me predispone a actuar de un modo en el que actúo de un modo que te procura bienestar. **Lo que hago por tu bienestar genera el mío. Lo que haces por mi bienestar repercute en el tuyo.** No es algo que nos proponemos, no esperamos la devolución ni los resultados. Es un **estado del ser**. Actuamos y nos desapegamos de nuestros actos. Este **desapego** se llama amor. Subrayo **desapego**. Si lo que hago por tu dicha es algo que me duele, me empobrece, me fastidia, me mortifica, pero a cambio de ello espero algo de tí (tu reconocimiento, tu amor, tu perdón, tu admiración), habremos vuelto al apego, a la búsqueda del resultado, al pensamiento. El amor es un estado del ser que impulsa, entre los que se aman, dos círculos amorosos que se atraen y giran simultáneos y concéntricos el uno hacia el otro. Siembra y cosecha se dan en el mismo acto, todo el tiempo. Cuando funciona así, solemos dejar de hacernos preguntas acerca del amor, dejamos de perseguirlo. No es necesario. Vivimos con él.

Las tres **preguntas**

¿Cada vez que haces algo por la persona que amas quedas a la espera del resultado? ¿Te resientes si no recibes una respuesta acorde al valor de tu acto?

¿Qué suele ocurrir entre los dos cuando haces algo que es bueno para la persona que amas?

¿Qué te ocurre, qué sientes, cómo reaccionas cuando la persona que amas tiene un gesto, una actitud, una conducta que te hace bien?

7
La tarea

La convivencia armónica y perdurable con otra persona es el resultado de una tarea amorosa.

Hambrientos de Buen Amor, muchas veces nos prometemos que, cuando demos con él, será para siempre. "No volveré a cometer los mismos errores", es una frase habitual que corona esta promesa. Sin embargo, esa declaración de intenciones, aunque denota una voluntad, no asegura armonía afectiva a toda prueba. La duración de un vínculo no se garantiza desde la (buena) voluntad, ni se genera a fuerza de tesón o persistencia. Una convivencia puede prolongarse en el tiempo como consecuencia de *a) la resistencia a reconocer la inviabilidad del vínculo, b) la insistencia en crear un sentimiento en donde no lo hay, c) el temor a pasar "otra vez" por una separación, debido al resabio de una experiencia anterior, d) la opción por la soledad en compañía antes que estar a solas consigo, e) el goce de la vida compartida, f) el crecimiento psicológico y espiritual experimentado en el vínculo, g) la fecundidad de la vivencia común.* La cuestión esencial no es lograr una convivencia prolongada, sino una convivencia armoniosa. Lo primero no garantiza lo segundo. Pero lo segundo es un camino seguro hacia lo primero.

Hay una serie de preguntas esenciales, sencillas en apariencia, que pueden resultar instrumentos poderosos tanto para transformar el desasosiego y la infelicidad de las cuatro primeras opciones del párrafo anterior (a,b,c,d), como para profundizar y enriquecer aun más la experiencia vital de las tres últimas (e,f,g). Llamo a estas preguntas *La Tarea*. Creo que, en cualquier vínculo, cuando hay espacio y dirección para una tarea, existe la posibilidad cierta y la esperanza de una resolución de conflictos, ya sea para convivir mejor o para desvincularse con respeto, buen trato y aprendizaje emocional.

La Tarea parte de la idea de que, sea cual fuere el motivo por el cual dos personas convergen en un vínculo, la casualidad no es la razón última del mismo. A veces esas personas conviven en un sufrimiento cotidiano culpándose mutuamente, exigiéndose el uno al otro, intercambiando reproches, renovando promesas que pronto se convierten en decepciones y esperanzándose con actitudes, palabras e ilusiones que una y otra vez se transforman en desesperanzas. Otras veces la convivencia es el campo de siembra para proyectos afectivos sustentables, para reparaciones y estímulos, para acompañamientos creativos, para experiencias de armonización y encuentro, para inyectar encantamiento y pasión en la existencia cotidiana. *La Tarea* es un proceso de cinco pasos, que se pueden recorrer a partir de otros tantos interrogantes:

- **¿Para qué estoy hoy y aquí, en el presente de mi vida, junto a él o ella?** Y requiere una respuesta en su apariencia tan simple como la pregunta, que pueda formularse en pocas palabras o en un par de líneas. Si surge el deseo o el impulso de una larga respuesta, conviene encontrar la esencia de esa respuesta y quedarse con ella, breve y pura. Si no aparece una respuesta clara y convincente, si no se encuentra el modo de formularla, eso es, *también*, una respuesta. Y vale para el caso.

- **¿Cómo quiero o necesito vivir hoy y aquí junto a él o ella?** Aquí sugiero tomar la palabra *cómo* en su acepción más directa: de qué manera, percibiéndolo en qué actos, hechos, palabras, conductas, rituales y actitudes de la vida cotidiana. Si hay respuesta, aparecerá de un modo natural, vinculada a la realidad cotidiana del vínculo, corporizada en él. Si no la hay, acaso se deba a que la contestación a la primera pregunta fue confusa, ambigua o demasiado abstracta.

- ¿Cuál es mi propuesta para la pareja con el objetivo de plasmar el *para qué* de la primera pregunta y el *cómo* de la segunda? Podemos considerar a esta respuesta como una propuesta ("Propongo que hagamos o dejemos de hacer tal cosa, que nos mudemos, que tengamos un hijo, que estudiemos determinado tema, que exploremos aquella cuestión, que viajemos a tal destino, que preguntemos, que vayamos, que nos quedemos, que compremos, que vendamos, que probemos, etc., etc."). Aquí está la labor que yo propongo para que este organismo que integramos (nuestra pareja) perdure y se consolide. Se trata de un quehacer preciso, que incluye pasos cotidianos, materiales y espirituales, afectivos y físicos. La propuesta puede abrir nuevos espacios, puede ampliar y profundizar los que ya existen, puede convocar a exploraciones hasta hoy no contempladas. En todos los casos impulsará a seguir trabajando y alimentando la tierra común de nuestra siembra. Si no encuentro una propuesta para ambos, acaso deba volver, con sinceridad y conciencia, a la primera pregunta y a mi primera respuesta. Acaso lo olvidé y necesite recordarlo: ¿Para qué estaba yo a tu lado? Cualquiera sea esa respuesta, resultará útil y aclarará el horizonte.

- ¿Qué necesito de él o de ella con miras a aquel *para qué* y a ese *cómo*, y más allá de nuestra labor conjunta? Te pediré, de la manera más clara y concisa que me sea posible, lo que necesito de ti. Procuraré que no se sea una demanda ni una exigencia, sino un *pedido*. La expresión de mi necesidad y de mi anhelo. Y lo expresaré de modo que quede espacio para tu respuesta: "Puedo", "No puedo", "No sé", "Necesito tiempo", "Necesito aprenderlo", "Necesito que me ayudes a aprender a ayudarte", etc.
- **¿Qué es aquello que me propongo cambiar, transformar o trabajar en mí, tomando como escenario de esa labor el espacio de la pareja?** He dicho para qué quiero estar contigo y de qué modo quiero que convivamos. He propuesto un itinerario común. He pedido lo que necesito de tu parte y ahora sumo lo que estoy dispuesto a aportar de mi lado.

Según mi experiencia personal, y la que he compartido con otros, es muy nutricio que cada uno de quienes comparten o se proponen compartir la convivencia pueda sentarse frente al otro luego de haberse hecho estas cuatro preguntas a sí mismo. Y que cada uno se disponga a escuchar con respeto y sin prejuicios mientras el otro expone su propuesta. Ambas exposiciones tendrán aspectos comunes, sin duda, y también divergencias. Habrá diferencias que pueden complementarse y enriquecer el conjunto, y habrá otras que acaso resulten contradictorias. Éstas generarán desencuentro y será necesario resolverlas. Esto resultará posible si el marco de las coincidencias y de las diferencias complementarias crea un campo propicio para consensuar lo contradictorio (profundizaré en esto en el capítulo 9).

No será el cien por ciento de la propuesta de uno ni la del otro lo que prevalecerá. En todo caso, el secreto consiste en crear un diseño, una opción novedosa, en donde estén contempladas las esencias de ambas proposiciones. Entiendo que esto es lo creativo: trazar, con los sueños, necesidades y proyectos de cada uno, un camino nuevo, integrar nuestros planteos hasta generar un resultado diferente a la simple suma de las partes. Será algo nuevo, en lo que ambos nos sentiremos contemplados y contenidos.

Esta tarea es crucial y merece atención, tiempo y energía. No deberíamos levantarnos de la mesa sin haber encontrado ese punto de integración y consenso, aunque sólo podamos acordar, por el momento, en seguir hablando y negociando. Eso es de por sí un pacto que tiene que ser respetado y, en la medida en que así ocurra, facilitará las condiciones para continuar con la tarea.

Quizá es éste el momento de recordar que **vivir de a dos es integrar un equipo que se nutre de la diversidad** para enfocar un fin común que nos mejorará a ambos. Si no es así, nadie ni nada (salvo conflictos interiores, creencias personales, cuestiones individuales no resueltas) nos obliga a permanecer en un espacio en el que sufrimos. El amor nutre y no martiriza, ilumina y no ensombrece, es motivo de celebración y no de sufrimiento. *La Tarea* no es un pase mágico que garantiza una convivencia feliz. También puede permitir que dos personas comprendan por qué, en el aquí y ahora de sus vidas, no están en condiciones de vivir juntas. Acaso vean y admitan que no es porque no quieren, sino simplemente porque *no pueden.*

Se puede objetar que la propuesta de *La Tarea* convierte a la convivencia amorosa en una suerte de trabajo, en algo cerebral o racional en exceso. Como respuesta invito a hacer de todas maneras el intento. Las cuatro preguntas inducen a una profunda indagación interior que recorrerá con intensidad el plano emocional y aquellos rincones de la intimidad individual que justamente los argumentos racionales y las construcciones mentales se empeñan, muchas veces, en mantener clausurados.

La opción es dejar la convivencia librada a la tan meneada magia del amor. Apoyarse en creencias como aquella según la cual "cuando hay amor todo se arregla" u otras más simples, como "contigo pan y cebolla" (como vimos en el capítulo 6). Sobre esas bases se construyeron y se construyen edificios amorosos que no tardan en derrumbarse. Las víctimas suelen preguntarse "*¿Cómo es posible? ¿Qué falló, si nos queríamos tanto?*".

"Querernos tanto" es un combustible necesario, por supuesto. Pero cargar el tanque con combustible no significa que el vehículo nos llevará, mágicamente, al destino deseado. Hay que conocer cuál es ese destino, proponerse un itinerario y, sobre todo, conducir. De eso trata *La Tarea*. De instrumentar el amor, de fecundarlo, de darle forma.

Las tres **preguntas**

¿Podrías precisar y describir tu propuesta amorosa y sus razones?

¿Conoces las de tu pareja?

¿Las das por sentadas de una vez y para siempre o crees en la conveniencia de actualizarlas a medida que se desarrolla la convivencia?

8

Pasar de los proyectos a los efectos

VIVIR DE A DOS ES EXPERIMENTAR, JUNTOS, LA LIBERTAD DE NO ESTAR ATADOS A UN MANDATO.

Cuando dos personas se conocen y se atraen, se asoman el uno al misterio del otro con una preciosa carga de fantasías, deseos, inquietudes e ilusiones y con muy pocas o ninguna certeza de quién es ese otro. He visto a más de una mujer casi desesperada porque el hombre con el que había empezado a salir tardaba en decidirse a convivir. Sentía que él estaba postergando el sueño de ella de tener hijos y conformar una familia. Conozco hombres resentidos porque, al no plegarse sus mujeres a un proyecto de ellos (mudarse a otro país para crecer profesionalmente, por ejemplo), ellas les hacían sentir que no les importaba su desarrollo.

Es habitual que la aparición de un otro en nuestras vidas nos induzca a la creencia de que esa persona será la encargada de ocupar un rol preasignado en nuestros sueños o proyectos. En la frase "*Quiero que seas el padre (o la madre) de mis hijos*", la palabra *hijos* tiene más peso, según observo, que *padre* (o *madre*). En la expresión "*Si no vienes conmigo a Madrid, me iré solo*", escucho el énfasis en *solo* antes que en *conmigo*. En ambas declaraciones el otro no aparece como socio existencial o compañero de equipo, sino como un medio para fines predeterminados. He soñado con una familia y necesito que te conviertas en el instrumento que me la proporcione. Me vi triunfando en otro país y necesito que engalanes mi proyecto con tu soporte. Mi proyecto, mi deseo es más importante que tu persona.

No es esa actitud, por cierto, la que fecunda una convivencia. **Repetiré hasta el cansancio que vivir de a dos es formar parte de un equipo y que es un camino antes que un punto de llegada.** Es natural y hasta necesario que yo sueñe, mientras estoy solo, con un tipo de convivencia y con sus circunstancias. Son sueños orientadores, me dan información acerca de cómo alinear mi itinerario de vida. Es un mapa de mi viaje afectivo. Pero el mapa no es el territorio. Y cuando me encuentre con un otro real, en una concurrencia de cuerpos y almas, estaré en el territorio tal cual es, con sus dimensiones, topografía y características verdaderas. Entonces cabrán dos actitudes: o trataré de adaptar el territorio al mapa, lo cual puede ser un salvoconducto hacia la frustración y el sufrimiento, o, si sigo creyendo en la validez del viaje, adaptaré mi mapa al territorio hasta crear un nuevo mapa, testimonio veraz y actualizado de mi vida y de mis vínculos. **Nos transformaremos, la otra persona y yo, en cartógrafos de nuestra vivencia amorosa compartida.**

En sus primeros encuentros, al comenzar la exploración del misterio, dos personas que comienzan esa vivencia no suelen hablar de cuántos hijos tendrán y de cómo los educarán, ni de dónde vivirán y cómo organizarán esa vida. No me consta, al menos, que eso sea lo usual. Si no, estarían salteándose al otro, considerándolo una simple herramienta y se estarían perdiendo la maravillosa experiencia del descubrimiento, el conocimiento y el encuentro. No creo demasiado en los consejos, pero me atrevería, en este caso, con uno: *huye de quien te quiere, antes que nada, como padre o madre de sus hijos, y escapa más rápido que pronto de quien te busca como objeto decorativo para un escenario existencial que ya tiene diseñado.*

Los hijos, los lugares en donde transcurrirá la vida, los modos de esa vida, las diversas metas (materiales, espirituales, familiares, vinculares, vocacionales, etc.) de nuestro trayecto común no deberían ser puntos de partida para la convivencia, sino sucesivos, naturales y fluyentes **puntos de maduración**. Los hijos no van a unirnos: en todo caso, *serán fruto de nuestro estar unidos*. El lugar en donde viviremos no va a hacernos felices por sí mismo, pero el modo en que vivamos, en que nos respetemos, en que nos alentemos, en que construyamos nuestra confianza y nuestra intimidad, será esencial para nuestra felicidad, *vivamos en donde vivamos*. No elegimos al otro para satisfacer las expectativas de nuestra familia, aunque si nuestra familia nos quiere estará contenta de vernos felices con la persona que elegimos.

Si concebimos a nuestra vida de a dos como un camino a recorrer, no comenzaremos por tener un hijo: llegaremos a tener un hijo en algún sitio del camino, como punto de llegada natural. Y también puede ocurrir que no lo tengamos (sea por decisión propia o por imposibilidad imprevista) y que de todos modos nos amemos y que de todos modos seamos fecundos y fértiles en la vida. Acaso el ejemplo de los hijos sea el más claro y el más potente, por eso insisto en él. Es, también, el que mejor puede traducirse a cualquier otro sueño, proyecto o fantasía.

Si miramos desde esta perspectiva, es posible que descubramos que incluso eso que llamamos amor (y que concibo como una energía concéntrica y simultánea que parte desde uno hacia el otro generando mutuo crecimiento, sanación y armonía), es un punto de llegada. No empezamos amándonos: culminamos nuestro camino en el amor. Llegamos al amor juntos.

Esto es así porque el amor no exige resultados. El amor riega, cuida y acompaña los procesos. El amor no pide hijos, ni éxitos, ni prestigio, ni abundancia material, ni rostros contentos alrededor de nosotros como certificado de su existencia. No se mide por ninguno de esos parámetros, sino por el modo en que nos tratamos, por la manera en que nos acompañamos, por el alimento que le damos a nuestra intimidad, por la confianza que nos generamos y prodigamos, por la mutua solidaridad y por la que sembramos en nuestro entorno.

Vivir de a dos es, en fin, abrir los horizontes y no cerrarlos en torno de requisitos previos, hacer mapas mientras se camina, en lugar de caminar adentro de los estrechos límites de un mapa (ya sea el de los mandatos, el de los deberes o el de las expectativas que otros descargan en nosotros). **Se trata de transformar los proyectos en efectos.** Es decir, de no quedar atrapados en los planes que construimos para el otro aun antes de conocerlo o en los que el otro tenía asignados para quien estuviera en el lugar en el que ahora estamos. En lugar de partir rígidamente en busca de lo proyectado, nos proponemos permitir al vínculo florecer y dar frutos propios. Y darlos maduros, en la estación que corresponde. Es muy probable que una relación de Buen Amor de frutos muy parecidos, o similares, a los que contemplaban nuestros proyectos. **Pero serán efectos de una causa: productos de una convivencia, de un tránsito, de una historia, de lo vivido, de lo gestado.** No te amo por lo que serás ni por lo que deberías ser, sino por lo que eres.

Las tres **preguntas**

Si estás empezando la experiencia de convivir, ¿de qué mandato o expectativa que tenías como punto de partida podrías desprenderte para abrir espacio a los puntos de llegada por venir? Si convives desde hace un tiempo, ¿te das cuenta de qué mandatos o expectativas pudiste dejar ir y de qué puntos de maduración o llegada no previstos alcanzaste con tu pareja?

¿Qué diferencias adviertes entre tu mapa de la convivencia y el territorio de la experiencia? ¿Cuál sería tu mapa de hoy?

¿Hay algo que nunca creíste que podrías llegar a amar en una persona y que ahora amas en tu pareja?

9
Los tres niveles esenciales de la convivencia

VIVIR DE A DOS ES COMPARTIR
UNA EXPERIENCIA DE DIVERSIDAD
Y COMPLEMENTACIÓN.

Nunca escuché a alguien que se quejara porque su pareja fuera tal como él, o ella, lo había soñado. Jamás oí esta frase: "*Lo que más me molesta de Juan, o de Marta, es que sea, como yo deseaba y esperaba*". No es lo previsible ni lo anhelado lo que nos provoca contrariedad. Cuando una persona se lamenta por la marcha de su relación con otra, cuando protesta, lo que en verdad quiere, aunque no sepa formularlo con todas las letras, es que el otro sea distinto de como es, que cambie. En ocasiones la disconformidad se relaciona con un aspecto específico del otro. A veces es más extendida.

Nuestras relaciones afectivas comprenden al menos cuatro niveles de interacción. El de las **coincidencias,** aquel en el cual nos adaptamos el uno al otro con simplicidad y naturalidad, como si hubiéramos estado destinados desde siempre a encontrarnos y convivir, es sólo uno de esos niveles. En él no hay discordancia ni desacuerdo.

Otro nivel es de las **diferencias complementarias**, y abarca a aquellas divergencias que, lejos de generar, malestar y disconformidad, enriquecen el espacio común. Un ejemplo sencillo es el de una pareja en la que uno ama la jardinería y aborrece cocinar y el otro disfruta en la cocina pero padece cuando tiene que cuidar las plantas. Esa pareja siempre comerá bien, y lo hará en una casa embellecida por una saludable vegetación. Se pueden encontrar entre dos personas innumerables manifestaciones de esta complementación, tanto materiales como espirituales, domésticas como sociales, íntimas como públicas.

Un tercer nivel es de las **diferencias acordables**, que incluye a aquellas discrepancias que pueden generar un espacio de trabajo, transformación y consolidación para la pareja. Es lo que ocurre cuando una persona siente que la otra toma decisiones unilaterales, que la dejan afuera y la hacen sentirse avasallada e ignorada. Si el otro reconoce esa característica de sí mismo y, a su vez, quiere cambiarla porque ve que lo afecta en su relación de pareja y en otros aspectos de su vida, la desavenencia se convierte en un punto de partida para un trabajo común. Por supuesto, el avasallador será el eje de ese proceso, él hará su proceso interior de transformación; sin embargo, tendrá en su pareja a un asistente dispuesto y accesible cuando necesite sumar herramientas externas a las internas. Cuando esta dinámica de reforma a partir de una divergencia se hace habitual en la pareja, deviene en un campo de poderosa fertilidad. Sus frutos alimentarán constantemente y fortalecerán a la convivencia. Es natural que entre dos personas, distintas de por sí, se vayan registrando, como parte de la vivencia común, diferencias y asimetrías que molestan, que disgustan o que crean malestar. En tanto haya instrumentos y predisposición para trabajar en su armonización, esas diferencias no significarán el fin ni el rompimiento de algo, sino su enraizamiento a través de una **tarea amorosa.** Es un arte cuyo aprendizaje requiere de dos presencias, de dos voluntades armonizadoras, de dos actitudes comprometidas.

Los tres niveles que describí son estadios naturales de una relación. Basta una mirada atenta, una autopercepción cuidadosa, para detectarlos en acción. El cuarto nivel no es del mismo modo universal ni inherente al hecho de convivir. Se trata de las **diferencias antagónicas o incompatibles.** Incluyo en este rubro a las escalas de valores, a las perspectivas existenciales, a los proyectos de vida. Un torturador y un defensor de los derechos humanos, un industrial que no trepida en destruir bosques para obtener insumos y un defensor del medio ambiente, alguien que cree que el fin justifica los medios y otro que jamás apelaría a determinados medios así se trate del fin más preciado, una persona que tiene la firme y fundada decisión de no tener hijos y otra que ve en la maternidad o la paternidad una condición necesaria de su realización, son algunos ejemplos de diferencias incompatibles. También entran aquí las configuraciones estructurales de las personas: diferentes orientaciones o necesidades sexuales, características físicas o raciales, habilidades o inhabilidades naturales, orígenes sociales, familiares o religiosos, es decir, todo aquello que está dado y que no tiene posibilidad real ni potencial de cambio.

Muchas veces las personas, cegadas por la chispa de la pasión inicial, ignoran las diferencias incompatibles o apuestan a atravesarlas. "*Tenemos una cuestión de piel tan fuerte que lo demás no importa*". "*Cuando vamos a la cama, chau, nos olvidamos de todo*". "*Yo sé que él (o ella) es todo eso, pero no me importa, igual lo (la) necesito*". Afirmaciones de este tipo saturan las lápidas de los cementerios donde yacen, no necesariamente en paz, miles de relaciones incompatibles.

El peso que cada uno de los tres primeros niveles tiene en cada momento de la convivencia, va marcando los diferentes capítulos de la misma. La historia de una pareja es, en cierto modo, la reseña de cuál es la proporción que los tres primeros niveles tienen en cada momento de la relación. Y, también, la síntesis de cómo la pareja encontró sus propios mecanismos de autorregulación a partir de esos niveles. Es decir, cómo aprendió a dialogar, a pedir, a dar, a consensuar.

La construcción de esos mecanismos compensatorios funcionales garantiza la supervivencia y la salud de la relación. Porque todo vínculo se establece entre seres vivientes y, por lo tanto, en un continuo proceso de transformación y cimentación de nuevos equilibrios. Son células que configuran un organismo que, como toda forma viviente, basa su existencia en la capacidad de adaptación y de autorregulación. En la medida en que un organismo ejercita esta capacidad, genera *memoria de adaptación y de autoasistencia*. De sus consensos exitosos, de sus acuerdos funcionales, de su propia construcción amorosa, cada pareja extrae su propio decálogo de armonía e integración, la instala en su memoria compartida y acude a él cuando lo necesita para reinstalar el equilibrio. **En cada recuerdo feliz, en cada imagen armoniosa tomada de su propia experiencia, una pareja puede encontrar su propio modelo de felicidad y renovarlo, y repetirlo.**

Esa memoria es, en fin, una energía siempre renovable y siempre disponible. Está en la trama esencial de la pareja que aprende a desarrollarla. Eso es lo que llamo una experiencia de diversidad y complementación.

Las tres **preguntas**

¿Cuáles son las coincidencias que más poderosamente te atrajeron hacia tu pareja en el momento en que se conocieron? ¿Cuáles perduran, cuáles se agregaron?

¿Qué diferencias complementarias mejoran y enriquecen la vida de tu pareja? ¿Tienen conciencia de ellas?

¿Qué quisieras que tu pareja cambiara para bien de la relación? ¿Qué quiere la otra persona que cambies? ¿Qué sientan y piensan cada uno respecto del pedido del otro?

10

¿Vivir de a tres?

CUANDO SE CONVIVE AMOROSAMENTE DE A DOS, NO HAY ESPACIO PARA VIVIR DE A TRES.

La sospecha de que hay un tercero acechando, el miedo a que lo haya, los celos o, también, las tentaciones forman parte del menú de temas e inquietudes sobre la pareja. *"Si me entero de que me engañas, te mato"*. *"Mientras yo no me entere todo está bien"*. *"Si no hubiese sido porque apareció esa zorra, hoy todavía estaríamos juntos"*. Declaraciones como estas son comunes. Como lo son los casos de los infieles seriales, que engañan a su pareja con la misma habitualidad y naturalidad conque respiran, pero enloquecen ante la sola idea de que ella los engañe una sola y única vez. O las personas que conservan a un/una amante durante años en una relación paralela y estable. O las infidelidades ocasionales, algunas con secuelas de culpas y autorreproches que terminan por erosionar a la pareja. O las infidelidades que tienen como objetivo la venganza, ya sea por un engaño previo o por otra ofensa.

El de la infidelidad es un mundo ancho y variado, al punto en que abundan las teorías sobre ella. Una la considera inevitable, otra sostiene que puede ser revitalizante para la pareja. Una la mira con anteojos de género y la define como una característica ante todo "masculina", otra la toma como fundamento para sostener que la monogamia es un hecho contra natura. No creo, sin embargo, que la infidelidad sea un fenómeno autónomo, sino la consecuencia de un tipo de vínculo.

Los componentes de una pareja pueden prometerse ser fieles el uno al otro. Y pueden cumplir su palabra a lo largo del tiempo. ¿Qué significa eso? En sí, nada. Quizá se trata de personas que honran la palabra empeñada. Acaso su temor a las consecuencias de un engaño es más fuerte que la tentación de cometerlo. O tienen fuertes creencias acerca de los votos matrimoniales, al margen de que el suyo sea, o no, un matrimonio formal. O traen historias personales o familiares que no quieren repetir. En definitiva, mantener una promesa de fidelidad no representa un testimonio de amor. Esas dos personas pueden ser sexualmente fieles sin amarse, maltratándose a través de palabras y conductas, mientras sueñan con deshacerse del otro.

A cambio, cuando la vida de a dos está asentada sobre los pilares de la confianza, el respeto, la mutua predisposición asistencial y la intimidad nutricia, se crea una atmósfera y una energía amorosa que consolida, preserva y fertiliza el espacio común. No habrá lugar allí para un tercero. No es la simple aparición de un tercero (por muy deslumbrantes que sean sus características) la que provoca un acto de infidelidad. Aquel se incluye en un espacio que está disponible para él o para quien sea. Él, o ella, viene a representar (lo sepa o no, esté capacitado o no) algo a lo que el infiel aspira o necesita y siente que su vida en pareja no le proporciona. *"Él (ella) me dio algo que vos no me dabas"*. Esta es la más común y sintetizadora de las frases conque una persona suele explicarle a otra la razón por la cual le fue infiel.

En ocasiones "lo que no me dabas" alude a cosas tan necesarias y determinantes como atención, valorización, escucha, ternura, intimidad. En otras, esa persona busca algo que no le dará su pareja, ni un tercero, ni un cuarto ni un quinto. Pide lo que no ha sabido desarrollar en su interioridad (seguridad, firmeza, cuidado, respeto). Puede ser que lo pida bajo la forma de riquezas, de bienes materiales, de viajes, de hijos, etc., pero éstas son sólo las apariencias de algo personal, intransferible y profundo. También suele ocurrir que la infidelidad acontece cuando el infiel percibe que su pareja no es la persona que él (o ella) idealizó. O cuando descubre que, en vano, intentó negar diferencias incompatibles.

Como tantos otros hechos de la vida, la infidelidad ocurre. Negarla no ayuda a comprenderla. Echar anatemas sobre ella, tampoco. Hay episodios de infidelidad que, en una relación donde ha prevalecido una atmósfera de respeto, de afecto y de cuidado, pueden ser trances dolorosos pero reparables. El ahorro afectivo que se ha acumulado en el vínculo pude ser invertido en esta reparación. Y hay episodios que se inscriben en climas de guerra, de maltrato emocional, de descuido y de desamor (o que se ejecutan de esa manera), de los cuales suele no haber retorno, más allá de que la pareja no encuentre la manera de separarse. Hay infidelidades que son deudas pendientes del infiel consigo mismo, que intentan cerrar cuentas internas y lo hacen de este modo acaso precario. Y existen engaños que se cometen *contra* el otro, para herirlo, por revancha, para cobrar una deuda emocional, de modo también rudimentario.

En todo caso, antes de enfrentar el tema con consignas y encasillamientos morales, que castigan pero no resuelven, propongo observarlo bajo esta perspectiva: **cuando se construye una armónica convivencia, uno más uno da como resultado vivir de a dos y no de a tres.** Y esto, insisto, no es producto de promesas previas, porque se pueden prometer conductas (y cumplir con ello) pero no sentimientos. *"Jurame que nunca me vas a engañar"*, dice una. *"Juro que te seré siempre fiel"*, asegu ra el otro. Eso se puede prometer y cumplir. "*Jurame que nunca vas a dejar de quererme*", ruega uno. "*Juro que te voy a amar toda la vida*", afirma la otra. Esto se puede prometer, pero no hay garantías posibles sobre el cumplimiento. Nadie puede anticipar un sentimiento.

Sin embargo, existe un pacto posible que se podría expresar así: "*Prometo ser honesto contigo, tratarte con respeto, escucharte con atención, no prejuzgarte, no atribuir a tus actos intenciones que no me constan, estar dispuesto a ayudarte en lo que me sea posible y hablar con sinceridad aunque tenga que decirte algo doloroso*". Son todas conductas, es verdad. Aunque en este caso, la suma de ellas contribuye a generar una tierra fértil para el amor. Y cuando el amor fecunda un vínculo y hecha raíces en él, la fidelidad es una consecuencia natural y gozosa.

Las tres preguntas

¿Consideras a la infidelidad una ofensa, una travesura, una forma de enviar mensajes al otro, un anuncio acerca de algo que debe ser atendido en la pareja?

¿Has estado en situación de cometer una infidelidad? ¿Qué te impulsó, si lo hiciste? ¿Qué te hizo evitarlo, si no lo hiciste? ¿De qué te sirvió en ambos casos?

¿Fuiste víctima de una infidelidad? ¿Cómo reaccionaste? ¿Pudiste comprender algo de tu relación que no habías registrado?

11

Cuando vivir de a dos no es posible

VIVIR DE A DOS NO SIGNIFICA SUFRIR DE A DOS.

Según un viejo refrán, es mejor estar solo que mal acompañado. No todos los refranes son sabios. Algunos son sólo ingeniosos, otros contradictorios y hasta existen ciertos dichos verdaderamente temibles (por ejemplo: "el pueblo nunca se equivoca"). *Mejor solo que mal acompañado* es, a mi juicio, un refrán sabio. Que ha sido desvirtuado al punto en el que hoy muchas personas lo convierten, a través de sus actitudes y decisiones, en "*Mejor mal acompañado que solo*". De acuerdo con lo que observo, escucho y percibo, hay pocas fuentes tan poderosas de sufrimiento como un vínculo inadecuado o disfuncional. Durante sucesivas generaciones, ese tipo de lazos se sufrió sin conciencia o sin derecho (interno y externo) a manifestar el dolor, el resentimiento, la postergación, la ira o, en fin, la infelicidad que causaban.

"Hasta que la muerte nos separe", rezaba la faja de seguridad que impedía cuestionar una relación, su dinámica, su existencia.

Esto era el fruto lógico de una ideología según la cual la razón última de una pareja no era la realización amorosa de sus integrantes, sino el cumplimiento con cierta formalidad que protegiera otros objetivos y mandatos, como mantener el orden social, asegurar el destino de los patrimonios familiares y garantizar la descendencia y continuidad de la especie. De amor, claro está, ni hablar. Y de elegir, mucho menos.

En este contexto el amor era un ideal a menudo subversivo. Cuando se filtraba, alteraba el orden y provocaba tragedias: Tristán e Isolda, Romeo y Julieta, Genoveva y Percival, Abelardo y Eloísa, historias como las de Camila O´Gorman, clásicos romances imposibles como los que se inmortalizan en *Casablanca*, en *Cumbres Borrascosas* o (¿por qué no?) en *Love Story* o en célebres telenovelas dan cuenta de cómo, en la cultura occidental, la imposibilidad del amor, sus obstáculos, se fueron convirtiendo en valores. Y escribo valor en una doble acepción; por una parte se creó la idea de que sólo *avalado* por la imposibilidad y el sufrimiento un amor era verdadero y grande; por otro lado un amor de ese tipo tenía siempre un *precio* por pagar. Así, el aceitado funcionamiento de un sistema de *valores*, valga la paradoja, convirtió al encuentro amoroso, al amor como savia de los vínculos, en una lejana y con frecuencia dolorosa utopía.

Hasta tal punto este paradigma echó raíces en la conciencia colectiva que todavía hoy se lo advierte vigente. No deja de sorprenderme la habitualidad conque encuentro hombres y mujeres empecinados en la consagración de un ideal amoroso a través de la pareja inadecuada. Sufren malos tratos físicos o emocionales, postergaciones, desvalorizaciones, son ignorados, desoídos, ridiculizados y, aún así, persisten. Están convencidos de que el otro (o la otra) va a cambiar y que un día despertará y será la persona que, con sus actos, palabras, gestos, pensamientos y actitudes, los hará felices tal como sueñan. O, según dicen, saben que su esperanza es inútil pero, de todas maneras, no se conciben a sí mismos sin esa persona o con otra. Así el amor, una energía que ensancha y enriquece los horizontes, que amplía e ilumina el mundo, es convertido en una especie de monocultivo pobre y oscuro.

En tiempos que se supone distintos de aquellos de nuestros padres y abuelos, en épocas de una muy valorizada libertad interior y personal, nos encontramos con personas prisioneras de una concepción precaria del amor. Hay en ellas una confusión entre el amor como fin y el medio a través del cual concretarlo. De esta manera lo que empieza siendo una búsqueda de la felicidad termina en el encuentro de la infelicidad. Como quien inicia un ansiado viaje hacia el mar a través de un camino que lo conduce al desierto, y una vez que está allí insiste en quedarse, convencido de que tarde o temprano, por arte de magia, surgirá en ese lugar un océano azul o de que, en fin, debe sobrevivir como fuere en el desierto porque, después de todo, el mar no existe. Hay quienes le llaman karma, otros le dicen destino, están los que lo consideran "mi enfermedad". Yo lo veo como una forma precaria e infructuosa de alcanzar un objetivo noble: el de amar y ser amado. Y creo que conceptos como karma, destino o enfermedad, logran, en este caso, hacer olvidar ese objetivo, desvalorizarlo o descalificarlo. Es un modo de cancelar una vez más al amor, como en generaciones precedentes, aunque esta vez en nombre de él mismo. Mi necesidad válida de amar y ser amado me lleva a estar con alguien en quien no puedo sembrar amor y de quien no lo recibo. Curiosa paradoja.

Hay otra posibilidad, sin embargo: reafirmar la existencia del mar y las bondades del mismo y buscar, probar o construir los caminos que conducen a él. Cuando las **diferencias antagónicas o contradictorias** (ver capítulo 9) son las que predominan en la pareja, lo más inteligente, antes que persistir en unir lo que no se une, *es buscar un modo articulado y resolutivo de separarse*. ¿Qué significa esto? Disolver el vínculo de tal manera que cada ex integrante quede de frente a su propia búsqueda, a su camino, en condiciones de ir dibujando su propio mapa hacia el mar (sin olvidar que, además, hay muchos mares). Esto es más fertilizante que quedar de espaldas a ese mar y de frente al desierto, es decir anclado en resentimientos, en amarillentos talonarios de facturas a cobrar, en reproches amontonados hacia aquella persona que no pudo, no supo o no quiso ser el que "debía" ser para que las cuentas amorosas cerraran.

En verdad, y aunque cueste aceptarlo, no hay una persona que le "destruye los sueños" o "le roba el tiempo", o "le hace perder los mejores años" a otra. A veces, contar o contarse la propia historia de esta manera es un modo autoindulgente o presuntamente menos doloroso de verla. Pero lo cierto es que los encuentros o los desencuentros se forjan de a dos. El que acusa al otro de ladrón, de destructor o de arruinador, acaso necesite preguntarse que hacía él (o ella) mientras tanto. ¿No estaba allí? ¿No era parte del vínculo? ¿No era responsable de sí, de cuidarse, de procurarse una atmósfera emocional propicia? Estas preguntas no proponen un autocastigo, ni la flagelación del doliente, sino una mirada que deje de centrarse en el antagonismo y pruebe poner el acento en la comprensión de un vínculo para entender qué estuvo en juego en él, para convertirlo en una experiencia de aprendizaje y de transformación futura. Quizás esté pendiente la tarea de escribir un nuevo refrán: *Mejor bien acompañado que solo en compañía.*

El de separarse, con lo que tiene de doloroso (aunque ni siempre ni forzosamente), puede ser un proceso de potenciación y preparación de recursos emocionales y existenciales para encarar mejor plantado y centrado los próximos pasos de la vida.

Si se puede resolver con este espíritu, una separación acaso brinde a dos personas que no pudieron encontrar el modo de estar juntas, la reparadora oportunidad de ser cooperativos en la despedida. Cada uno puede ayudar al otro a internarse en un camino de recuperación y de reencuentro consigo, de reorientación en sus objetivos vitales. Ayudarse en la despedida (en vez de tratar de provocar en el otro heridas póstumas o de dañarlo para que "nunca se olvide mí"), desapegarse en un proceso compartido es, también, un acto de amor. Quizá el único, o el último, posible entre esas dos personas.

Las tres **preguntas**

¿De qué manera necesitas estar acompañada o acompañado? ¿Es ése el modo en que lo estás?

Si estás conviviendo con otra persona y esa convivencia es satisfactoria, ¿qué aprendiste de experiencias anteriores y cómo sientes a esa o esas experiencias a la luz de tal aprendizaje?

¿Qué condición es una necesidad o requisito no negociable de tu parte para vivir de a dos? ¿Estás siendo coherente con ello?

12

Vivir de a uno

PARA VIVIR DE A DOS ES NECESARIO APRENDER A VIVIR DE A UNO.

Cada persona es, más que un mundo, un universo (ver capítulo 1). Nuestra identidad está lejos de ser expresada por uno solo de los aspectos que nos componen. La forma en que nos mostramos ante los demás es siempre una manifestación del modo en que se están vinculando entre sí, aquí y ahora, esa rica variedad de características internas. Así como el cielo nunca es el mismo, y cada estación del año o cada semana del mes nos pone ante una configuración distinta de las constelaciones, así, aunque no lo parezca, la relación entre esos astros interiores que son nuestros aspectos psicológicos y emocionales, da forma a nuestro estar en el mundo, a nuestro estar con los otros.

Cuando huimos de la soledad como quien huye de la octava plaga de Egipto, lo que solemos intentar es alejarnos de un escenario interior que nos inquieta, que nos provoca dolor, tristeza, ira, ansiedad, insatisfacción o confusión. El resultado de esa acción es que trasladamos el paisaje con nosotros, pero, más allá de la ilusión, no nos alejamos de él. *Somos ese escenario*. Al olvidarlo o al ignorarlo, creemos que bastará la presencia de otro, de alguien, para disipar la sensación que rechazamos. Creemos que otro llenará el vacío de nuestros querellas interiores, que nos hará sentir menos disconformes con lo que nos enoja o con lo que no nos conforma de nosotros mismos.

Si ese otro no aparece, o si su presencia no provoca el efecto esperado, quedamos de cara a la peor de las soledades. Es aquella que nos deja encerrados con nuestros desacuerdos, con nuestras discusiones, con nuestros reproches, con nuestras quejas, con nuestras broncas, con nuestros lamentos íntimos. Es una soledad incómoda e hiriente. Buscar a otro para escapar de ella significa valerse de ese otro como quien usa un salvavidas, una muleta o un salvoconducto. *No es la mejor base para sostener un espacio de a dos*. Además, a menudo hace que terminemos por ver en el otro al culpable de nuestra infelicidad. Entonces, a las contiendas internas se les suma una disputa interpersonal. Los príncipes azules, que nunca lo fueron, resultan acusados de haber desteñido. Las diosas inmaculadas y deslumbrantes se convierten, y así son tratadas, en culpables del error de quien las eligió. Unas y unos tratan a otros y otras como se tratan a sí mismos: a veces con bronca, a veces con desprecio, a veces con resignación, a veces con reproches, a veces con indiferencia o con impiedad. Pero el otro es sólo otro. Nada más. *Y nada menos*. De ninguna manera un relleno hecho a imagen y semejanza de nuestros vacíos.

Además de esta **soledad rechazada**, existe una diferente. Es aquel espacio fértil en el que nuestros distintos aspectos interiores producen interacciones de encuentro y armonización. Es ese tiempo y compás en el que fluyen nuestras voces internas, reflejándonos como diamantes de facetas sutiles y únicas.

Nuestro cuerpo no es una masa sólida y compacta, una célula simple e indivisa, sino un organismo pluricelular: células y glóbulos se reproducen y mueren constantemente, en un proceso ininterrumpido. Somos los mismos y somos distintos a cada minuto. Nuestros órganos, constituidos por aquellas, son diferentes en sus formas, composiciones y funciones. Sin embargo, todos actúan en maravillosa armonía y colaboración. **Transformación** y **autorregulación** constante son las dos palabras que mejor sintetizan el fundamento de nuestra existencia. Es sencillo verlo y comprenderlo cuando hablamos de lo físico. Sin embargo, esas mismas leyes rigen nuestra dinámica psicológica, puesto que somos seres integrales, no una dualidad cuerpo-mente (o, peor, cuerpo versus mente).

Nuestro cuerpo no es una sustancia moldeada y nuestra existencia psicológica no se reduce a un matiz caracterológico: en ambos casos *somos* interacciones. Cuando en esas interacciones se plasma un desequilibrio, nuestro cuerpo enferma o nuestra existencia emocional registra dolor psicológico. Cuando hay equilibrio, nos sentimos sanos y armónicos.

Crecemos en la medida en que vamos reconociendo, aceptando y compenetrándonos con nuestros aspectos internos. Maduramos cuando podemos aplicar nuestros recursos emocionales a generar modelos de relación armoniosa y equilibrada entre esos interlocutores interiores. Entonces, cuando el silencio circundante nos permite aguzar el oído hacia nuestra interioridad, escuchamos diálogos en lugar de peleas y discusiones, un sonido inteligible en lugar de mero barullo. Para apreciarlo y disfrutarlo, es necesario discreción, intimidad, **soledad.** Se trata, en este caso, de una soledad nutricia, reparadora, en la que se reafirma la autovaloración, la certeza de nuestro ser y el sentido de nuestro estar en el mundo.

Esta soledad nos prepara y nos instrumenta para el encuentro con otro. Tras haber construido en nuestro interior modelos de consenso, de acuerdo y de integración, después de haber verificado nuestros recursos e instrumentos existenciales, nos presentamos ante los demás y actuamos entre ellos como individuos auto sustentados. Esto no significa autosuficientes, ya que la autosuficiencia se erige sobre la creencia de que los otros son prescindibles y de que se puede vivir sin ellos. El autosuficiente cree que no necesita nada.

El *autosustentado* se siente valioso y válido por lo que *es*, responde a la situaciones de la existencia a partir de sus capacidades y habilidades, sabe que los otros son complementos imprescindibles en la vida (no enemigos, ni obstáculos, ni conspiradores contra la felicidad de él, ni objetos para su manipulación), los asiste cuando le piden algo que está a su alcance y acude a ellos cuando necesita. Ni se siente salvador ni los toma como salvavidas. Es imperfecto y es incompleto, pero ha desarrollado su capacidad de autorregulación, de autoescucha, de autoasistencia. Por eso puede escuchar y acompañar. Ha necesitado de una **soledad fértil** para ese proceso y la reconoce, la valora y se nutre de ella cuando lo necesita.

Al aprender a vivir conmigo asimilo cuáles son los aspectos que me conforman y los modelos de convivencia entre ellos, me ilustro sobre mis tiempos, ritmos y necesidades, adquiero destreza en el empleo de mis capacidades y habilidades físicas y emocionales, penetro en los confines de mi universo íntimo. Soy la versión más fiel, completa y actualizada de mí Incompleto, sí, porque sólo me completo cuando me integro a la totalidad de la que formo parte y de la cual soy una expresión. Pero con capacidad autoasistencial.

En general hemos sido poco preparados y estimulados para la **soledad fértil**. En el estilo de vida que propone nuestra cultura escasean y son desalentados los períodos en que podemos explorar esa soledad y forjarnos en ella (como el final de la adolescencia, el tiempo previo a la creación de una familia propia, ciertos momentos de inflexión en la adultez). No aprendemos la vivencia, no atravesamos la experiencia de percibirnos como una expresión única y especial de la especie humana, necesarios para ella, constituidos por una materia prima común. No se nos proponen aprendizajes de profundización y ampliación de la conciencia. Entonces, pegoteados y apegados de un modo incierto, por una parte sentimos que de ese apego depende nuestra existencia y, por el otro lado, nos fastidiamos con aquellos a quienes quedamos pegados o se nos pegan.

Es importante puntualizar que la soledad (como el miedo, como la alegría, como la vergüenza, como la ira, como la satisfacción) es un *estado*, no una *condición*. Se *está* solo (y hay, hemos visto, diferentes maneras de estarlo), no se *es* solo. Hay quien puede vivir ese estado como marginación y hay quien puede vivirlo como integración. **La soledad fértil es el territorio que debemos atravesar para ir desde el pegoteo indiscriminado al encuentro integrador.**

Las tres **preguntas**

¿Puedes reconocer en tu vida momentos de soledad rechazada y momentos de soledad fértil? ¿Cuándo y qué te ocurrió en ellos?

¿Hay momentos de soledad en tu vida presente? ¿Los propicias? ¿Los evitas? ¿De qué manera?

¿Qué piensas de la gente que no tiene pareja? ¿Cómo crees que te ven cuando no la tienes?

13

El sagrado misterio de la cooperación

VIVIR DE A DOS ES COMPARTIR UNA ATMÓSFERA DE ENSEÑANZA Y APRENDIZAJE EN LA QUE SE RESUELVE UN MISTERIO ESENCIAL DE LA VIDA.

Hay, como vimos, desacuerdos que se manifiestan en el interior de nosotros (una parte de mí rechaza a mi aspecto temeroso, o a mi aspecto vergonzoso, o a mi aspecto ingenuo, o a mi aspecto manipulador, o a mi aspecto obediente, o a mi aspecto iracundo o a mi aspecto desvalorizado y esto se expresa cuando digo frases como "No me soporto", "Me tengo bronca", "Me quiero matar" y demás). Esos desacuerdos no se resuelven por la *eliminación, sometimiento* o *exclusión* de la parte cuestionada, sino mediante una metamorfosis sólo posible a partir de la acción de una energía asistencial e instrumentadora. Un cambio de patrones internos que da nacimiento a un nuevo modelo de interacción, de autoaceptación, de aprendizaje.

Lo mismo ocurre con los conflictos interpersonales. En la vida de a dos no es el temor, el control, la ira, la agresión, la vergüenza, la intimidación, la descalificación, la indiferencia, la sumisión o el ocultamiento lo que resuelve un desacuerdo. Las ideas generadoras de desavenencias pueden sintetizarse así:

- *Hay algo que tienes y que yo desearía tener y no tengo (paciencia, libertad, coraje, amigos, facilidad de comunicación, sensibilidad, desprendimiento, seducción, etc.).*
- *Miras la vida de una manera diferente a la mía.*
- *Quieres algo distinto de lo que yo quiero.*
- *Actúas de una manera en la que yo no puedo hacerlo.*
- *No actúas como yo lo haría en tu lugar.*

Puede haber otras frases, pero éstas son símbolos claros y abarcadores. Cuando se instalan, concientes o no, explícitas o implícitas, motorizan conflictos. La madre de todas ellas es la que ya exploramos en otro capítulo y dice: *Quiero que seas diferente de cómo sos*. En consecuencia, mis actitudes pueden ser:

Controlarte, para ver si de tal manera puedo obtener de vos eso que quiero o, al menos, puedo impedir que lo ejerzas y me recuerdes que no lo tengo.

Sustituirte. Ya que no haces las cosas que espero o como espero, directamente las hago yo en tu lugar. O, creyendo que te doy una prueba de amor, las hago por vos.

Amedrentarte. Si te amenazo o te asusto, acaso consiga que cambies.

Manipularte para torcer tus deseos, pensamientos, actos o sentimientos.

Descalificarte, para hacerte sentir que aquello en lo que sos diferente te desmerece ante mí.

Culpabilizarte, para que eso que no haces, no sientes, no piensas o no sos te mortifique por lo que provoca en mí.

Ninguna de estas reacciones resuelve un desacuerdo, no genera aprendizaje, no permite zanjar situaciones de un modo superador y trascendente. Frente a este panorama, confío en dos poderosas preguntas que armonizan, que dan recursos y que proponen tarea:

1. *¿Cómo puedo desarrollar en mí aquello que veo en vos y que me atrae y valoro? ¿Qué necesito para ello?*
2. *¿Cómo puedo ayudarte para que tengas de mí aquello que quiero o necesito que tengas?*

Estos interrogantes, expresados y explicitados, tienen una maravillosa cualidad organizadora, armonizadora e instrumentadora. Dan sentido, dirección y propósito. Permiten ver al vínculo desde un lugar en el que ya no es un campo de batalla del que uno está destinado a salir vencedor y el otro condenado a salir derrotado.

La pareja puede ser, a partir de esta idea, un espacio sanador. Como dice el pensador Sam Keen, "puede ser el mejor hospital donde reponerse de antiguas heridas". ¿Reponerse para qué? ¿Sanar para qué? Para construir, para sembrar, para fecundar. Comprenderlo y vivirlo así, cambia nuestros paradigmas. Vivimos en una cultura que nos ha contagiado con un virus fatal: el dualismo. Blanco o negro, bien o mal, hombre o mujer, cuerpo o mente, vida o muerte, ganar o perder, Eros o Tanatos, todo o nada, derecha o izquierda, vencer o morir, sexo o amor y la lista puede extenderse hacia el infinito. Mientras veamos la existencia bajo ese prisma, estaremos siempre sometidos a un juego de poder. El blanco es blanco y el negro es negro. Entre ellos hay una gama que va desde el negro con uno por ciento de blanco hasta el blanco con uno por ciento de negro. Es un amplio e impresionante abanico de grises. Lo más rico, lo que crea volúmenes, dimensiones, gradualidad y diversidad es el gris. No sólo en el color, sino en todos los aspectos de la existencia. En el juego de poder, tanto da que la aguja caiga finalmente hacia un lado o hacia el otro: lo más probable es que el resultado sea empobrecedor, que se haya llegado a él por exclusiones, por quitas, por supresiones.

El virus de la dualidad distorsiona nuestra percepción de la vida y de los vínculos. Nos lleva a creer que, en un relación (en cualquiera, ya se trate de una pareja, de padres e hijos, de amigos, de socios, de colaboradores, de compañero de trabajo, de dirigentes políticos), es inevitable someterse al juego de poder, participar de él y, por supuesto, ganarlo. El otro no es el compañero de una construcción, es el obstáculo a vencer, el rival a someter. Y eso mismo somos para él.

Carl Jung dijo: "*Donde hay amor no hay poder, donde hay poder no hay amor*". El nuevo paradigma amoroso se funda en la idea de que vivir de a dos no es convivir en un campo de batalla por el poder, sino en un espacio de **siembra y co-construcción**. El amor genera amor, cuanto más amorosamente nos tratemos el uno al otro los convivientes, más memoria, más energía, más reserva de amor generaremos. Si compartimos esta visión, no habrá riesgos de que me devores si me entrego, no correrás peligro de que yo te someta para tenerte. Si reconocemos la legitimidad de nuestras necesidades, podremos asistirnos de un modo transformador, porque, como dice mi querido maestro Norberto Levy, "*todo ser vivo que recibe lo que necesita, se transforma*".

Al vivir de a dos, somos seres vivos que conformamos una pareja viva. No nos hemos encontrado para protagonizar una lucha por sobrevivir. El sentido del encuentro es **cooperar para vivir**. Somos creadores y participantes de una ceremonia existencial durante la cual cada uno aprenderá a reconocer aquello de sí que hay en el otro y aquello del otro que hay en sí mismo. Entonces, únicos e incompletos, irremplazables y presentes, comprenderemos que vivir de a dos es la oportunidad de experimentar el Todo.

Ese es, en mi creencia, el gran aprendizaje a realizar, el maravilloso misterio existencial a resolver.

Las tres **preguntas**

¿Juegas juego de poder en tu pareja? ¿Qué ganas?

¿Qué necesitas para desarrollar en vos eso que admiras de tu pareja y liberarte así de la envidia, del control y de la dependencia?

¿Qué has aprendido, de qué te has sanado, qué has co-construido viviendo de a dos?

Apéndice

Ideas fuertes para vivir de a dos

En estas páginas he extraído y ordenado las ideas centrales, columna vertebral del libro que acabas de leer. De todos modos, es un ordenamiento personal y, por lo tanto, arbitrario. Acaso durante tu lectura hayas destacado otras ideas, quizá sean otros los párrafos que has encontrado más afines a tus inquietudes, sentimientos, pensamientos y experiencias. Entonces harás tu propio extracto. Y será tan válido como éste.

Acerca de nuestro universo interior y su vinculación con el universo externo (capítulo 1)

Somos parte de un todo. Somos también un todo en sí. La armonía del universo que somos es esencial para la del universo del que formamos parte. Como es adentro es afuera. Cuanto más desafine mi música interior, más difícil resultará componer una melodía en conjunto con otra persona. Vivir con otro es difícil porque hay que armonizar órbitas tamaños, formas, texturas y proporciones diferentes. Cada uno tiene que asumirse como parte de un todo. Vivir solo es imposible porque ningún grano de arena es la arena, ninguna ola es el mar, ninguna hoja es el árbol y ningún ladrillo es la casa, aunque, como si fueran hologramas, en cada uno de ellos está el dibujo de la totalidad. Complejos, ricos y únicos como son, el significado, el alcance y la dimensión de esa complejidad, de esa riqueza y de esa singularidad sólo trascienden en el encuentro y la conjunción.

Acerca de las razones últimas para vivir con otro (capítulo 2)

Si o que de veras busco es la plenitud, la armonía, la paz, el sentido, la pareja no es el sinónimo de todo eso, sino *uno* de los caminos posibles hacia tal fin. **La pareja es un *camino* hacia un *destino*. Camino y destino no son lo mismo.** Muchas y diversas sendas pueden conducir a la plenitud, a la armonía, a la paz, al sentido de la propia existencia o a la felicidad. Al comprender que la vivencia con la persona amada es uno de los caminos posibles, ese camino se hace más rico, más flexible, más plástico, más nutricio. Deja de ser un recurso extremo y desesperado, la única ficha con la que esperamos acertar en una mesa de ruleta donde cada número tiene una oportunidad entre treinta y seis de ser elegido por la suerte.

Acerca de las diferencias que son base del amor (capítulo 3)

Es más lo que tenemos de diferentes que de iguales y sobre el cimiento de esa disparidad construiremos el edificio de nuestra vida en común. Esa arquitectura es, más que ninguna, un arte. El arte de armonizar lo diverso. ¿Con quién convivir? No hay una respuesta única para esta pregunta. Las personas, las circunstancias, las perspectivas cambian todo el tiempo como parte de la danza de la existencia. ¿Con quién convivir? Con un diferente. Sin dejar de honrar, eso sí, la breve lista de semejanzas que hizo posible la atracción y elección inicial. Vivir con otro es, en definitiva, compartir el camino con alguien que no está hecho a imagen y semejanza de mis necesidades y expectativas y que, por eso mismo, me ofrece la oportunidad venturosa de construir un vínculo real, entre dos seres reales, a salvo de los estrechos límites de la ilusión.

Acerca de los fines y objetivos comunes (capítulo 4)

A diferencia del organismo humano, una pareja es una sociedad *disoluble*. Sus componentes pueden seguir existiendo fuera de ella, el final de la relación que los une no significa la extinción de ellos mismos. **¿Para qué estamos juntos?** es una pregunta clave. Responderla resulta una parte medular del trabajo amoroso. A veces tememos preguntarnos esto, cada uno a sí mismo y cada uno al otro. Sin embargo, la respuesta será siempre saludable, ya sea porque hará más fecunda la convivencia, el tránsito conjunto, en definitiva el amor, ya sea porque permitirá disolver, entendiendo las razones y con menos resentimiento, una sociedad que acaso no tenga, o haya perdido, sus razones de ser.

Acerca del ser amado como maestro (capítulo 5)

No es la persona que nos ama quien debe saber cómo amarnos. Ella está allí, junto a nosotros, con su capacidad, su energía y su disposición afectiva. **Pero somos nosotros quienes le enseñaremos a que nos ame del modo en que necesitamos.** Vivir de a dos convoca a la afinación y al uso de tres herramientas esenciales: *La Mirada, la*

Pregunta y la Escucha. Mirar, preguntar y escuchar son, por supuesto, caminos de doble mano. Cuando soy quien se vale de estas herramientas, el otro es mi maestro en el arte de amarlo. Cuando es él, ella, quien las toma, yo soy su maestro en el arte de amarme. Así, el vínculo fluye como una interacción entre dos maestros que son, a su vez, aprendices.

Acerca de cómo se crea y alimenta el amor entre dos (capítulo 6)

Todo aquello que yo haga y que sea bueno para la persona a la que amo, será bueno para mí por el sólo hecho de que le hace bien a ella. Lo que hago por tí, amada o amado, no lo hago para que me lo recompenses con un acto equivalente. Te hace bien, y, cuando estás bien, lo que haces me hace bien. El amor es un estado del ser que impulsa, entre los que se aman, dos círculos amorosos que se atraen y giran simultáneos y concéntricos el uno hacia el otro. Siembra y cosecha se dan en el mismo acto, todo el tiempo.

Acerca de una tarea esencial para la convivencia armónica, perdurable y amorosa (capítulo 7)

La cuestión esencial no es lograr una convivencia prolongada, sino una convivencia armoniosa. Lo primero no garantiza lo segundo. Pero lo segundo es un camino seguro hacia lo primero. Hay una serie de preguntas esenciales, sencillas en apariencia. Llamo a estas preguntas *La Tarea*. Creo que, en cualquier vínculo, cuando hay espacio y dirección para una tarea, existe la posibilidad cierta y la esperanza de una resolución de conflictos, ya sea para convivir mejor o para desvincularse con respeto, buen trato y aprendizaje emocional.

- ¿Para qué estoy hoy y aquí, en el presente de mi vida, junto a él o ella?
- ¿Cómo quiero o necesito vivir hoy y aquí junto a él o ella?
- ¿Cuál es mi propuesta para la pareja con el objetivo de plasmar el *para qué* de la primera pregunta y el *cómo* de la segunda?
- ¿Qué necesito de él o de ella con miras a aquel *para qué* y a ese *cómo*, y más allá de nuestra labor conjunta?

- ¿Qué es aquello que me propongo cambiar, transformar o trabajar en mí, tomando como escenario de esa labor el espacio de la pareja?

Vivir de a dos es integrar un equipo que se nutre de la diversidad para enfocar un fin común que nos mejorará a ambos.

Acerca de la maduración, el compromiso y los logros en la pareja (capítulo 8)

Los hijos, los lugares en donde transcurrirá la vida, los modos de esa vida, las diversas metas (materiales, espirituales, familiares, vinculares, vocacionales, etc.) de nuestro trayecto común no deberían ser puntos de partida para la convivencia, sino sucesivos, naturales y fluyentes **puntos de maduración**. Vivir de a dos es, en fin, abrir los horizontes y no cerrarlos en torno de requisitos previos, hacer mapas mientras se camina, en lugar de caminar adentro de los estrechos límites de un mapa (ya sea el de los mandatos, el de los deberes o el de las expectativas que otros descargan en nosotros). **Se trata de transformar los proyectos en efectos. Serán efectos de una causa: productos de una convivencia, de un tránsito, de una historia, de lo vivido, de lo gestado.**

Acerca de los niveles en que transcurre la convivencia (capítulo 9)

Nuestras relaciones afectivas comprenden al menos cuatro niveles de interacción. El de las **coincidencias.** El de las **diferencias complementarias.** El de las **diferencias acordables.** El cuarto nivel no es del mismo modo universal ni inherente al hecho de convivir. Se trata de las **diferencias antagónicas o incompatibles.** Muchas veces las personas, cegadas por la chispa de la pasión inicial, ignoran las diferencias incompatibles o apuestan a atravesarlas. *"Yo sé que él (o ella) es todo eso, pero no me importa, igual lo (la) necesito"*. Afirmaciones de este tipo saturan las lápidas de los cementerios donde yacen, no necesariamente en paz, miles de relaciones incompatibles. El peso que cada uno de los tres primeros niveles tiene en cada momento de la convivencia, va marcando los diferentes capítulos de la misma. La historia de una pareja es, en cierto modo, la reseña de cuál es la proporción que los tres primeros niveles tienen en cada momento de la relación. **En cada recuerdo feliz, en cada imagen armoniosa tomada de su propia experiencia, una pareja puede encontrar su propio modelo de felicidad y renovarlo, y repetirlo.**

Acerca de la infidelidad y los terceros (capítulo 10)

Cuando la vida de a dos está asentada sobre los pilares de la confianza, el respeto, la mutua predisposición asistencial y la intimidad nutricia, se crea una atmósfera y una energía amorosa que consolida, preserva y fertiliza el espacio común. No habrá lugar allí para un tercero. Como tantos otros hechos de la vida, la infidelidad ocurre. Negarla no ayuda a comprenderla. Echar anatemas sobre ella, tampoco. En todo caso, antes de enfrentar el tema con consignas y encasillamientos morales, que castigan pero no resuelven, propongo observarlo bajo esta perspectiva: **cuando se construye una armónica convivencia, uno más uno da como resultado vivir de a dos y no de a tres.** Y esto, insisto, no es producto de promesas previas, porque se pueden prometer conductas (y cumplir con ello) pero no sentimientos. **Cuando el amor fecunda un vínculo y hecha raíces en él, la fidelidad es una consecuencia natural y gozosa.**

Acerca de las imposibilidades para vivir de a dos (capítulo 11)

Mejor solo que mal acompañado es, a mi juicio, un refrán sabio. Que ha sido desvirtuado al punto en el que hoy muchas personas lo convierten, a través de sus actitudes y decisiones, en "*Mejor mal acompañado que solo*". No deja de sorprenderme la habitualidad conque encuentro hombres y mujeres empecinados en la consagración de un ideal amoroso a través de la pareja inadecuada. Mi necesidad válida de amar y ser amado me lleva a estar con alguien en quien no puedo sembrar amor y de quien no lo recibo. Curiosa paradoja. Pero lo cierto es que los encuentros o los desencuentros se forjan de a dos. Y quizás esté pendiente la tarea de escribir un nuevo refrán: *Mejor bien acompañado que solo en compañía.* Ayudarse en la despedida (en vez de tratar de provocar en el otro heridas póstumas o de dañarlo para que "nunca se olvide mí"), desapegarse en un proceso compartido es, también, un acto de amor.

Acerca de la importancia de aprender a vivir con uno mismo (capítulo 12)

Cuando huimos de la soledad como quien huye de la octava plaga de Egipto, lo que solemos intentar es alejarnos de un escenario interior que nos inquieta, que nos provoca dolor, tristeza, ira, ansiedad, insatisfacción o confusión. Buscar a otro para escapar de ella significa valerse de ese otro como quien usa un salvavidas, una muleta o un salvoconducto. *No es la mejor base para sostener un espacio de a dos*. Además de esta **soledad rechazada**, existe una diferente. Es aquel espacio fértil en el que nuestros distintos aspectos interiores producen interacciones de encuentro y armonización. Esta soledad nos prepara y nos instrumenta para el encuentro con otro. Tras haber construido en nuestro interior modelos de consenso, de acuerdo y de integración, después de haber verificado nuestros recursos e instrumentos existenciales, nos presentamos ante los demás y actuamos entre ellos como individuos auto sustentados. Una **soledad fértil** La soledad es un *estado*, no una *condición*. Se *está* solo (y hay, hemos visto, diferentes maneras de estarlo), no se *es* solo. Hay quien puede vivir ese estado como marginación y hay quien puede vivirlo como integración. **La soledad fértil es el territorio que debemos atravesar para ir desde el pegoteo indiscriminado al encuentro integrador.**

ACERCA DEL MISTERIO ESENCIAL DE LA CONVIVENCIA (CAPÍTULO 13)

Los desacuerdos no se resuelven por la *eliminación*, *sometimiento* o *exclusión*, sino mediante una metamorfosis sólo posible a partir de la acción de una energía asistencial e instrumentadora en dos poderosas preguntas que armonizan, que dan recursos y que proponen tarea:

1. *¿Cómo puedo desarrollar en mí aquello que veo en vos y que me atrae y valoro? ¿Qué necesito para ello?*
2. *¿Cómo puedo ayudarte para que tengas de mí aquello que quiero o necesito que tengas?*

Estos interrogantes, expresados y explicitados, dan sentido, dirección y propósito. Permiten ver al vínculo desde un lugar en el que ya no es un campo de batalla del que uno está destinado a salir vencedor y el otro condenado a salir derrotado. El virus de la dualidad distorsiona nuestra percepción de la vida y de los vínculos. Nos lleva a creer que, en una relación, es inevitable someterse al juego de poder, participar de él y, por supuesto, ganarlo. El nuevo paradigma amoroso se funda en la idea de que vivir de a dos no es convivir en un campo de batalla por el poder, sino en un espacio de **siembra y co-construcción**. El amor genera amor, cuanto más amorosamente nos tratemos el uno al otro los convivientes, más memoria, más energía, más reserva de amor generaremos. Si compartimos esta visión, no habrá riesgos de que me devores si me entrego, no correrás peligro de que yo te someta para tenerte. Al vivir de a dos, somos seres vivos que conformamos una pareja viva. No nos hemos encontrado para protagonizar una lucha por sobrevivir. El sentido del encuentro es **cooperar para vivir**.

Impreso en Gráfica Laf S.R.L.
Monteagudo 741- Villa Lynch - Pcia de Buenos Aires
Tirada: 2.000 ejemplares.
Diciembre de 2009.